THE TRUST ECONOMY

信用经济

[德] 菲利普·克里斯蒂安·迪克纳 / 著
张 静　林秋香　廖昌盛 / 译

中国经济出版社
CHINA ECONOMIC PUBLISHING HOUSE
·北 京·

图书在版编目（CIP）数据

信用经济/（德）菲利普·克里斯蒂安·迪克纳著；张静，林秋香，廖昌盛译. --北京：中国经济出版社，2022.6

ISBN 978-7-5136-5706-8

Ⅰ.①信… Ⅱ.①菲… ②张… ③林… ④廖… Ⅲ.①信用-研究 Ⅳ.①F830.5

中国版本图书馆 CIP 数据核字（2019）第 104393 号

责任编辑　孙晓霞
责任印制　马小宾
封面设计　任燕飞设计工作室

出版发行　中国经济出版社
印 刷 者　北京力信诚印刷有限公司
经 销 者　各地新华书店
开　　本　880mm×1230mm　1/32
印　　张　5.25
字　　数　99 千字
版　　次　2022 年 6 月第 1 版
印　　次　2022 年 6 月第 1 次
定　　价　48.00 元
广告经营许可证　京西工商广字第 8179 号

中国经济出版社 **网址** www.economyph.com **社址** 北京市东城区安定门外大街 58 号 **邮编** 100011
本版图书如存在印装质量问题，请与本社销售中心联系调换（联系电话：010-57512564）

前言

人生，本就是一场场不期而遇。我和“信用”之间的邂逅源于几年前我在德国和一名攻读信用管理专业的博士研究生一起担任助理研究员时的经历，由此激发了我对信用的浓厚兴趣。在深刻思考信用在我们生活中的作用后，我发现其与我的“初恋”——创新领域，有着意想不到的联系。我的观点最终融入了这本书——我的处女作。我希望它能丰富您对信用、创新概念以及它们之间重要关系的认识和理解。我并非想提出一个绝对真理，而是就如何看待我们非常熟悉的商业世界提出了一些新的观点。这些观点可能并不完善，却是一次促进我们如何为他人和自己实现价值的尝试。期待能给大家带来惊喜和挑战，如果您想分享您的想法，非常欢迎给我来信，您的意见一定会使我获益匪浅。

菲利普·克里斯蒂安·迪克纳

电子信箱：pk@ philippkristian. com

目录

第一部分

信用复兴

THE
TRUST
ECONOMY

第一章　信用的重要性

当今规模最大、最具影响力和价值最高的初创公司都有一些共同之处：它们创造了新形式的可信中介。这些初创公司通过提供给用户可以信任的数字化交换平台，聚集了大量的社区，其中包括供求双方。除了一些基本规则，这些社区实行自我管控，以确保提供优质服务，并可以清除社区中的“害群之马”。这使得陌生人能够相互信任，从而有利于以住宿、运输或商品等方式进行的价值交换。结果呢？各方受益于更广泛的品种、更快捷的交易、更低廉的成本和更重大的创新。

在信用驱动的数字化社区中，新加坡市场应用软件 Carousell（旋转拍卖平台）是一个非常成功的例子，它为人们提供了一个可以交易物品的平台。与传统的电子商务平台不同，Carousell 的库存种类繁多。因为它基于用户选择销售的任何商品，允许人们决定哪些商品可以出售，这就创造了一个在大众喜好范围内蓬勃发展的市场。这显然与标准的在线零售不同，后者的库存管理流程是集中的。更重要的是，许多 Carousell 卖家将他们的个人资料页面定制成非正式的电子商务商店，这些商店或多或少都存在不同的库存、主题和销售条款。因此，买家可以通过单个服务浏览数百个供应商和不同类型的商品，且所有用户对此项服务的信任度都非常高。

自创建以来，Carousell 平台很少去干预社区内部活动。例如，用户上传的商品清单立即可见，让用户群自身去规避不规范的操作。这种自由看似无关紧要，实质上却非常关键，它能让用户享受到平台的这种个性化服务和易于操作的便利。Carousell 的声誉系统提倡自律。只有当双方达成交易时，他们才能够给对方留下反馈。这有助于确保所有反馈都与所交易的内容相关联。

无论是 Carousell、Craigslist（美国网上大型免费分类广告网站）还是 EtSy（美国一个在线销售手工工艺品的网站）——这些 P2P（peer – to – peer）平台都是让用户掌握主动权。它们之间的相似之处是敢于让用户管理，为用户提供解决问题的工具，并授权用户在“培养皿”中建立一个自我维持的社区和文化。虽然一开始给予用户自我管理的自由似乎有些冒险（例如，对 P2P 平台的负面影响可能会损害其他人在其中看到的利益），但这似乎是目前最有效的方法之一。要让 P2P 平台正常工作，用户需要主动上传商品、浏览和联系平台上的其他人。正式的架构反而不利于这种用户驱动型的交易，只有将权利赋予用户，用户才能掌握平台的主动权。

P2P 模式的内在价值在以客户为中心的特性中尤为明显。如果您也消费您正提供的服务，那么您很可能会对自己所需要的东西有一个相对深入的理解。P2P 模式的运作是基于一个大胆的假设，即把我们联系在一起的东西比把我们分开的东西更强大，而且比起那些具有预先明确价值主张的公司，个人之间的沟通和交流更加平等有效。对酒店业的重新定义就是这种模式的一个典型例子，与传统酒店相比，行业新手几乎不在任何基础设施上运营，却为用户提供了更精细和更个性化的选择。

传统服务业务和 P2P 社交平台之间最大的区别在于服务的交付方式——访问由平台提供，但是核心服务由个人提供。这使得交易双方拥有同样的多样性和独立性。通过利用原本闲置的或未被充分利用的资产，这一平台实现了个人之间更丰富的价值交换。与此同时，每笔成功的交易也因为社区成员之间的人际关系而丰富了个人的交易利益。这样就增加了平台的整体价值，并且根据用户的账户描述，带来了更有价值的体验。

最为关键的是，有机的、独立运作的群体有一种自我组织和发展“群体智能”的倾向。但是要做到这一点，信用至关重要。我们需要信任与我们网上交易的“陌生人”，更为重要的是，我们需要信任为这些交易提供便利的中介平台。在这些信用条件下建立的社区具有创造巨大经济价值的潜力。当我们重新设想未来的生活、工作和娱乐方式时，这些都是值得我们谨记的重要理念。

第二章　以人为本——信用和技术

技术的发展和人类的进化以截然不同的步伐前进。要想理解这一点，其中一种方法是比较工业化前后的人类社会。尽管工业化极大地提高了生产率并显著改善了社会经济福利，但它在很大程度上削弱了人际关系在商业交易中的作用。标准化和规模化取代了个人联系和个性化。随着工业化的到来，城市化进程不断加快，使人类社会从小型社区向“超级部落”转变。然而，我们的行为并没有以同样的速度去适应，因为人类似乎仍然执着于建立一个相互支持的小规模社区。

这使得数字化的到来成了一个有趣的话题。数字化革命并没有结束工业化开始时的情形，即大量减少交易双方在商业交往中的人际接触——而是产生了完全相反的效果。数字化时代的到来使我们能够以低廉的成本与几乎所有人建立自由的联系，从而带来了“关系复兴”。我们正在推动经济从中央集权和标准的转向，使之回归到一种由关系驱动的现状，这与工业化和城市化之前的商业运作类似。

克里斯·马龙（Chris Malone）和苏珊·T. 菲斯克（Susan T. Fiske）在他们的《人类品牌》（*The Human Brand*）一书中阐述了品牌如何成为公司的人性化面孔，以及我们与品牌的互动如何反映出我们需要与自己消费的产品和服务建立个人联系。那些人性化的、与顾客建立个人关系的品牌更易被消费者信任。一项调查发现，84% 的“千禧一代”不相信传统广告。

《人类品牌》阐明了我们如何通过所谓的刻板印象内容模型来与品牌和周围的人建立联系。依据此模型，我们根据对人的热情和能力的感知，对人和品牌做出自发性判断。由此，热情、能力与我们对周围人和公司的欣赏程度之间的联系似乎是有据可依的。从信用建立的角度来看，人道（热情）和兑现承诺（能力）是信用建立过程中的关键组成部分。人道的行为方式在建立信用基础的联系中尤其重要，正如我们在本书后面所探讨的那样：能力是建立信用的关键，因为它给我们提供了支持我们感知的证据。

虽然支持人类商业和社会互动的技术已经发生了变化，但人际信用的建设依然重要。当您看到许多成功的初创公司和年轻的机构时，您很可能会给它们贴上“科技公司”的标签。事实上，互联网等技术已经引发了令人难以置信的创新。这为我们提供了无限的想象空间。然而，让技术真正有价值的是技术所能带来的人类互动。即使是可以想象到的最好的技术，如果没有互动，它也毫无价值。关键还在于，这些技术的使用是通过对技术的信任来促成的。

信用机制

区块链（Blockchain）是一种内置信任机制的技术，用于记录价值交易。区块链在向世界证明它有能力创建一个运转良好的替代货币体系，尽管过程异常艰难。这不得不令人惊讶，因为这项技术在确保信任方面堪称一绝。

区块链系统中的用户能够在一个虚拟账簿中记录下所有以货币进行的交易。每当进行交易时，虚拟账簿都会不断更新并与用户同步。这使得欺骗系统变得非常困难，因为账簿是公开的（每个人都能看），并且可以追溯到时间的起点，这样就隐藏不了任何东西。

区块链特别有趣的地方在于它使用了一个分散的网络来处理交易。这非常好地体现了比特币区块链作为货币体系却独立于中央信用机构（如中央银行）的价值。通过比特币系统处理中的“节点”或“挖矿”交易，来换取在系统内部加密货币中获得指定数量单位的比特币。对于比特币区块链来说，目前矿工每开采一个单位或“区块”就能得到12.5比特币的收益。这促使他们保持货币的币值稳定。

比特币是一个自我调节的价值转移网络，其动力来自大众对货币的信任。如果处理节点对作为收益的货币单位的经济价值失去信任，系统就会崩溃。任何货币失去大众的信任都会变得一文不值。

在这方面，加密货币的行为就像法定货币一样。只要进行了交易，人们就相信货币对他们有价值。如果交易各方不相信一种货币的经济价值，他们就不会用这种货币进行交易。

比特币的开采需要大量的计算能力，这需要花费大量的资金来运行（如高额的电费）。比特币矿商正在为社会认同他们进行一项有价值的货币运动而努力——这是一个天才的壮举，说明了技术能够成为一种强大的工具，能够更好、更有效地完成人类一直在做的事情：相互交易。

智能合约

区块链技术不仅仅应用于比特币。例如，智能合约也是区块链技术的一种具有广泛用途的应用，它使用类似于比特币区块链的分布式数据库来执行某种行为的软件（如资产的所有权从 A 转移到 B）。这些应用软件类似于线下法律合同，因为它们也设置了双方交易的条款。与传统合同不同的是，智能合约不需要由律师或公证员等“可信赖”的当事人起草或评估。相反，它们在协议各方之间建立互信，而不需要可信的中间人。当双方彼此足够信任时，即在通常需要签订法律合同的任何情况下，智能合约就显得尤为有用。它为合同的多方当事人提供了一种没有争论、没有文书工作的可能性。如果满足某些条件，并且可以验证这些条件，则协议将自动“履行”。

迄今为止，经过测试的智能合约早期应用于包括在区块链 Ethereum 上运行的航班延误保险。一旦发生延误，作为一个能自动处理智能合约的闭环系统，它将保费和赔偿金通过内部加密货币自动支付给投保人。航班延误信息是公开的并可以追溯到很久以前，这样就可以精确地计算出延迟的概率。这使得即使在没有多元化风险分摊的情况下，也能实现准确的风险定价。与传统保险不同，智能合约保险在转移风险的人（被保险人）和承担风险的人（保险人）之间建立了一个完全自动配对的中间人，并负责向被保险人（或保险人）支付费用。

智能合约也可以被用来创建一个共同风险池，该风险池在发生可验证的预先定义事件（如某些意外医疗费用）时自动支付收益。这类似于相互保险模型，只是没有一个主要的中介机构在各个当事人之间建立信任。为了使模型正常工作，执行智能合约的信息源（“oracle”）必须得到充分的信任。这可以通过使用可信任的第三方来源（如医生的判断）来实现，或者在风险池中的个人之间建立社会契约，以协调各方的利益并防止欺诈。这种社会契约——如长期友谊、家庭关系或类似的关系——是使基于社会资本进行交易的社区能够自我调节的重要结构。这一原则超越了智能合约和区块链，扩展到了目前几乎所有社区驱动的商业模式中。

价值主张

在过去的一二十年中，大多数成功的新时代科技公司都在某种程度上利用了社区的力量。这包括采取客户评论、用户生成内容、P2P、社会发现等形式。我们今天使用的数字化产品背后的技术公司通过建立“社会资本市场”（一个在消费和提供商品和服务之间转换的人际网络）来创建繁荣的企业。简言之，这些公司以越来越有效的方式（如以商品和服务的形式）将提供商品和服务的人与寻求商品和服务的人联系起来。

这种精简和动态的价值中介机构很可能是未来企业的发展方向。它们通常很少使用有形基础设施，从定义上来讲，它们不是按规模来衡量的，而是全球性的；它们能够迅速适应供求变化；可以轻松进退市场；而且，对比今天的许多公司，它们可以在更短的时间内转向为服务全新的客户群。这些以技术为基础、社区为导向的新型公司拥有巨大的运营优势。

我们不确定下一波技术创新将会是什么样子——就像电报运营商很难想象一个像互联网一样的系统。有朝一日，一种更强大的技术很可能会取代软件。然而，技术本身并不能提供持久的竞争优势。相反，技术能为人类创造更好地用于交换的基础设施——这种基础设施有能力适应和发展，并与我们在一个数字化的世界中交流和互动的方式相协调。无论从技术角度看这是什么样子，对技术团队有多么重要，对客户来说都是无关紧要的。技术是创新的推动者，而不是技术本身的终结者。

例如，世界上没有人真正想要一款应用软件——人们只希望服务和商品能够在他们的生活中达到某些目的，而应用软件如今已经证明了可以提供这些服务和商品。假设我们发明了一种技术，它能够比应用软件提供更好的商品和服务，只要大多数人都认为这是一个更好的选择，它就很可能会成为我们未来的标准。

然而，只有当我们相信它比现有的方式更好时，才会采取新的方式。如果没有对新事物的信任，新事物就无法获得足够的支持来取代旧事物。为什么我们去旅行仍然要带着一本带有微芯片的纸质小册子作为个人识别设备，而不是使用更先进的技术呢？为什么每次入境时，我们都要填写个人资料表呢？出现这种困惑的主要原因是，在这些问题上做出决策的大部分人都不相信新兴技术能够像现在这样可靠地提供服务。

信用、创新和社会

信用在创新领域是自相矛盾的。它既能促进变革，也能抑制变革。它可以有助于创新，也可以阻止创新获得动力。这使得信用成为影响这个社会如何进步的关键因素。

风险资本支持的初创公司很好地说明了这一原则。通常，这些公司是基于前瞻性的成功来获得资金（并因此被估值的）——风险资本家对它们的信任程度在很大程度上决定了其市场估值。对未来的乐观，即相信它们成功的潜力，决定了企业家的世界观。企业家之所以创办公司，是因为他们相信尝试一些不确定的东西会产生价值。他们明白，不采取行动的机会成本可能是巨大的。除了寻找商业上的成功之外，他们也许会发现，从自己做事的方式中学到的东西要比在老牌公司工作学到的东西多得多。

另外，那些不赞同这种乐观和勇敢的价值创造观的人，大多会相信失败的可能性大于成功的可能性。他们可能会发现自己倾向于在大型公司中从事稳定的工作，因为这些工作提供了安全的承诺并消除了可能导致失败的不确定性风险。对不确定性价值不信任的人会专注于减少不确定性，而那些更信任不确定性成功潜力的人会积极寻找机会去承担可能导致不确定结果的风险。

人类体制的基础

信用除塑造我们个人的世界观之外，还塑造了社会的组织方式。我们都同意将自己的信用放在某些程序、原则和真理上，以便把人类置于可管理的（且主要是和平的）位置上。社会的共同信念和行动准则渗透到我们的日常生活中，并支配着从国际关系到人际关系的一切事务。习俗和文化是人类集体信用的结果，这种信用有助于形成惯例并为社会交往提供指导。

同样，我们的金融和法律体系是建立在一个共同的认知上的，即人类如何相互交往，无论是为了交换价值，还是为了维持人们共同生活的秩序。《价值网络》（*Value Web*）的作者克里斯·斯金纳（Chris Skinner）就从这个角度探讨了金融系统的起源和未来。他认为，社会所建立的有形系统只不过是人类共同认知的虚构故事而已。

为了让它不那么抽象，可以将椅子的概念与私人有限公司的概念进行比较。这把椅子确实存在——您可以触摸它，坐在上面，或卖给其他人，而无须对自己的行为做出什么解释——而私人有限公司只存在于政府机构的一张纸上。您可以和私人有限公司做生意，包括把它卖给别人，就像卖椅子一样。唯一不同的是，公司的概念不是一个可验证的物理存在，它只以“法律虚构”的形式存在。

私营公司是世界各地一致认可的社会公约，几乎每个人都理解并相信私营公司的概念。这让我们可以把它们的存在视为“真实的”。它们并不存在于人类社会之外——不像上述例子中的椅子，不管我们是否相信，它们都以基本的物理形式存在着。

相信这样的虚构和“想象的现实”是我们作为人类成功的基石。根据尤瓦尔·赫拉利教授在他的《人类简史：从动物到上帝》（*Sapiens*）一书中所言，这些故事都能够使我们以一种比其他任何动物都更有智慧的方式规划自己的行为：

“事实上，除了智人（即现代人类），没有其他动物从事贸易，所有现代人类的贸易网络都是虚构的。没有信用，贸易就不可能存在，也很难信任陌生人。今天的全球贸易网络建立在我们对诸如美元、联邦储备银行和企业的图腾商标等虚构实体的信任之上。”

塑造人类社会的体制只是一种非常持久的错觉，却因我们的信任合法化。政府、协会、社区和私营公司都是这种“虚构”的典型例子，它们能让我们所知的文明成为可能。它们不存在于任何有形的物质形态中，而是由我们对它们合法存在的共同信任所形成的。

想象一下，如果我们不再相信私营公司的概念，将如何称呼一家大型跨国公司呢？如果没有这一概念，就不可能将其遍布全球的办公室、客户、工作人员和资产等定义为一个实体。简言之，人类利用他们的想象力和能力在自然之上创造了另一个世界，并以其共同相信的方式进行着交往。

创新

无论我们是在寻求改变观念，培养新习惯还是重新定义一个行业，实际上都是在努力创造一个新的世界。为了实现这一目标，我们都应该对此充满信心，这就是创新的关键——也是我们增长和进步的引擎。

在斯科特·D.·安东尼（Scott D. Anthony）的《创新小黑书》（*The Little Black Book of Innovation*）一书中，他对创新下了一个最简单的定义：创新是指不同于他者但具有影响力的事物。相对于信用而言，创新的概念更加具体明确。毕竟，“不同”也有可能相同，只是略为不同。“影响力”也很可能在不改变任何东西的情况下实现。创新需要去改变现状，更需要信用助其一臂之力。

本书详细探讨了信用与创新之间的联系，因此有必要对我们所说的“创新”下一个具有可操作性的定义。笔者建议将其定义为“人为对现状做出积极的改变，并对大多数人产生商业影响”。这听起来可能比第一个定义更复杂，但它有助于强调创新是如何产生的："有人找到了改变现实的方法，而且成功了，并影响了许多人的生活。"在这个过程中，他或她成功地于正在创造的新现实中建立了信用，并首先实现了创新。

正如信用使创新能够重塑现状一样，它也阻止了同样的事情发生。创业公司如果不将大众对现存事物（现有价值主张）的信任转移到新事物（新的价值主张）上，就无法改变这个行业。为了竞争，赢得潜在客户的信任是绝对必要的。

事实上，现有企业增强与现有客户的信任关系能够有效地捍卫自己的地位。例如，安永（EY）在其全球消费者银行调查中建议，金融机构要改变现状就应致力于赢得客户的信任，以提高相关性来应对金融科技带来的威胁。对于面临转型威胁的行业来说，取得客户的信任是一场关键而又艰难的战争。因为除非客户购买某个行业的产品，否则该行业的转型是不可能发生的。

建立信用通常是一种正和游戏。一方面，建立信用可以推动行为的改变，从而促进采用新的想法。另一方面，它并不一定会带来创新并扩大市场份额，这也是竞争的重要因素。在竞争激烈的市场中建立信用，一定会有赢家和输家，因为最值得信赖的公司是最具竞争力的公司。公司建立的信用度越高，其为客户创造的有效价值就越大，那么它在市场中的地位就越高。公司建立的信用度越低（即它越会招致不信任），它的地位就越低，那它也就越容易被取代。

继 2007—2008 年全球金融危机（GFC）之后，金融服务业尤其容易受到外部转型的影响。我们无法否认这场危机使大众丧失了对金融机构的信任，这可能使初创公司更容易赢得现有企业的客户。该行业整体“信用资本”的降低，使得整个行业也变得不那么具有吸引力和稳定性了。

全球性事件，如全球金融危机及其对公众认知的影响，向我们展示了信用平衡的转变会如何创造威胁和机遇。它们导致了整个行业价值的获得、损失和重新分配。根据经验，任何建立信用的东西都会为与之相关的人带来更多价值；而任何破坏信用的东西都要付出成本，包括机会成本。

待完成工作（或客户的刚需）（JTBD）

正如克莱顿·克里斯蒂森（Clayton Christensen）所指出的，企业往往犯了一个错误，即过于狭隘地定义自己的业务。尽管它们可能没有意识到这一点，但所有公司都处于信用的状态。因此他建议采用“待完成工作（或客户的刚需）”的概念（JTBD）。

JTBD 是指一个人购买产品或服务的潜在动机——例如，他寻求通过消费来满足的功能、情感和社会需求，这会产生极大的影响。值得注意的是，企业将重心放在客户购买的原因上，而不是产品本身。客户可以考虑来自完全不同行业的产品和服务，以实现相同的 JTBD。例如，一个客户的 JTBD 是改善他的整体健康状况。有很多方法可以解决这个问题，他可以换工作，以减少压力，腾出时间，可以去当地市场买菜，也可以前往巴厘岛排毒静修，或者报名参加瑜伽锻炼。了解您作为公司或个人在人们生活中所扮演的角色（即那些“工作”的人信任您为他们做的事情）可以提升个人价值，并扩大您所经营的业务范围。这也会为您的业务创造价值提供新的销售线索。

换句话说，我们发现客户对产品和服务的信任是其消费产品和服务的真正原因。他们如果不相信这些产品符合自己的 JTBD，就没有理由去购买这些产品。我们从产品和服务身上获得的价值多少取决于我们对他们的信任程度。信任是所有价值创造的门槛，它能够调控我们对事物价值的认识程度，如我们对某件事物的信任程度是使我们受益或实现我们的 JTBD。

这有助于我们理解在评价事物过程中表现出的非理性差异。我们越不能理性、定量地评估某物的价值，就越需要考虑把我们的信用建立在自己从中可能获得的利益上。没有太多客观原因解释我们为什么可能愿意出更多的钱去购买一件 Lacoste polo 衫而不是 H&M（于 1947 年在瑞典创立的服饰品牌）的衬衫。为什么保时捷 911 比日产 GTR 贵，以及我们为什么宁愿花 10 美元在高档酒店买杯袋泡茶，也几乎不愿为大学食堂里自动售货机的同等产品支付 1 美元。

正如丹・艾瑞里（Dan Ariely）在他的《怪诞行为学》（*Predictive Irrational*）一书中所言，“我们的理性程度远不及标准经济学理论所假设的那样。”他通过一系列实验展示了人类做决定时所处的环境——例如，可供我们选择的数量是如何影响我们做出选择的。把这一点和信用联系起来，就意味着我们的选择会根据自己对价值的相对感知，以及对我们自己感知的信用程度而改变。

关于人类决策过程中所涉及的认知不准确问题，已经发表了很多文章。《福布斯》（*Forbes*）不久前发表了一篇关于主要偏见及其与财务决策关系的文章，文中总结道，“人类心理是一件危险的事情，人们会一次又一次犯一些令人担忧的常规性错误”。这一观点得到了一项将大脑、行为和心理联系起来的研究的支持。该研究发现，“我们的思维受到文化信仰体系的阻碍，而文化信仰体系往往依赖于僵化的、不准确的非理性思维”。

我们对不同产品的信用程度使我们以不同的方式评估它们的价值，这也对我们的人生选择产生了深远的影响。考虑到这种思维对我们价值观念的重要影响，我们需要重新定义信用的概念。

第三章　重新定义信用

普华永道马来西亚（PWC Malaysia）管理合伙人斯里达兰·奈尔（Sridharan Nair）在为世界经济论坛（World Economic Forum）撰写的一份具有启发性的有关建立商业信用的文件中，重点讨论了如何将信用视为一种有形的商业资产，并在开篇提到了信用与价值创造之间的直接关系。他以有机蔬菜为例，即如果我们相信它们的价值高于常规品种，我们就愿意为它们花更多的钱。

与之相类似，本章提出了一个非常简单且合乎逻辑的信用定义，并解释了信用在经济环境中的工作原理。

如果我们要了解信用对价值创造的影响，尤其是对创新形式的新价值创造或原始价值创造的影响，就需要理解信用的经济属性。信用度越高，创造的价值就越大。相反，一旦价值创造系统失去信用，价值就会随之而去。货币体系的崩溃便体现了这种影响，在银行挤兑期间也是如此。当存款人对银行资金流通的能力不再信任时，客户就会认为把钱存在银行是没有价值的，并认为以存款形式存钱存在一定的风险，甚至担心会产生亏损。

正如沃伦·巴菲特（Warren Buffett）所说，“信用就像我们呼吸的空气。当它出现时，没有人会真正注意到。但如果没有，每个人都会注意到”。无论是购买食品还是战胜竞争对手，我们对预期收益的信任都会推动经济活动。没有这一点，价值创造就不可能实现。

如今，信用充当价值创造助推器的内在作用日益凸显，并通过一些全球 P2P 企业的重大成功得到加强。这引发了商业领域的“信用革命”概念——虽然信用是商业思维中的一个关键概念，但其重新崛起的影响可以更准确地定义为复兴。

无论我们是否意识到这一点，信用都对我们日常的社会和经济生活至关重要。如果没有基本的信用，许多经济的基本原则将不再适用。一张 100 美元的钞票之所以有价值，是因为您相信每个人都认可它的价值，并且愿意用它来交换商品和服务。如果双方没有信用，货币体系就无法维持下去。我们在恶性通货膨胀的历史案例中看到了这种效应，恶性通货膨胀是社会对一种货币失去信任从而使这种货币变得近乎一文不值的根源。

信用在很大程度上决定了经济活动，但我们很容易忽略它与价值之间的联系。例如，股票价格是对上市公司公平估值和未来业绩的量化信任。如果没有这种背景，我们似乎很难准确定义什么是信用？或者信用是如何建立的？这个问题应该不难理解，当人们评估对某物的信用程度时，通常指的是对它的重视程度。在任何给定的语境中，试着用“价值”代替“信用”，都会得出同样的结论。

信用的传统定义

查看主流词典对信用的定义，就会发现这些条目的解释力有限。

例如，《牛津英语词典》对信用的定义如下：

1. 对某人或某事的可靠性、真实性或能力的坚定信念；
2. 在没有证据或调查的情况下接受陈述的事实；
3. 对某人或某事负责的状态。

《韦氏词典》提供了另一个定义：

相信某人或某事是可靠的、好的、诚实的、有效的等。

相比之下，社会科学的学术定义是这样的：

人际信用是指对另一方未来行为的期望，以及随之而来的冷静、自信和安全感，这取决于信任程度和相关风险的程度。另一方的行为不论有无约定，都应忠诚于或至少符合一方的主观期望，尽管她/他有自由和选择不遵从约定，因为我们不可能或不愿去控制她/他。另一方也可视为某一群体的代表。

以上定义是正确的，但相当含糊。它们涉及信用的情景应用，但没有提及信用在经济互动中的重要性，没有提及信用在价值创造中的作用，也没有提及信用的普遍相关性。正如爱因斯坦所说：“如果您不能简单地解释它，那就是您没有很好地理解它。”或许，信用难以运作的原因之一是迄今为止人们几乎没有从切实可见的角度来评估其在商业中的作用。

对信用的新理解

目前我们没有注意到信用是一个难以理解的、容易被忽视的概念。而《信用经济》一书试图改变这种现状。在这本书中，信用被重新定义为一种重要的商业资产，具体定义为：

通过经济或社会互动实现的价值。

例如，我们对法律和秩序越重视，就越相信它能有效地管理我们的社会。我们越是重视求职者，就越相信他们能为公司做出贡献。

下面请做一个小小的思想实验。请问您会把 100 美元借给一个完全陌生的人吗？可能不会。但是如果您母亲问您要 100 美元呢？您几乎肯定会。两者之间的区别在于信用。家庭关系是说明价值和信用之间联系的一个很好的例子。因为我们比生活中其他人更重视自己的家庭，所以我们无条件地信任他们。

无论我们是否喜欢一个人或一家公司，都很容易相信我们所接受的东西是不可改变的或超出我们的控制范围的。例如，我们相信银行会保管好我们的储蓄，因为大多数人都认为比起把钱藏在床垫下，这是一个更好的选择。但这并不意味着我们喜欢银行，也不意味着我们相信它除了保管我们的钱之外，还能提供其他东西。但鉴于我们的选择有限，加之我们对银行这项基本服务的信任程度，我们仍会把自己的活命钱放在那里。

没有信用，一切都是虚无的，也不可能去创造任何形式的客户价值。例如，不相信中国食品的人，不管它的实际质量如何，都不会愿意花钱（或任何东西）去购买它。信用缺失会导致感知价值的损失，从而降低价值创造的潜力。

金融服务业中的信用

还记得全球金融危机是如何扩散至全球市场并导致经济衰退的吗？这个使我们所有人遭致不幸的宏观经济事件就证明了本书的核心假设——当任何价值交换系统失去信用（特别是在金融系统中）时，大量的价值也就会随之被摧毁。

没有哪个行业比金融服务业更能说明信用的重要性。金融部门依靠信用作为其最基本的运营条件。这就是为什么信用是知名公司赖以生存以及实现整体转型的关键因素。

2016 年，《福布斯》在脸书（Facebook）上的一项研究报告中指出，千禧一代在理财建议上除了相信同龄人外不相信其他任何人。还有人指出，千禧一代并不完全信任银行。早在 20 多年前，比尔·盖茨（Bill Gates）就已经大胆地指出，“银行业务是必要的，而银行不是”。要知道以前客户的信任可是金融服务业的基石，由此可见信用的重要性。

金融科技的兴起表明金融业的范式转变与其他行业相似。虽然金融机构往往是许多服务的集合体，但大多数面向客户的金融科技公司都专注于提供单一的金融服务并专注于在一件事上表现出色。对于越来越多的客户来说，这似乎是一种非常有吸引力的现象。而且看起来，这种转变将会导致新的信用中介机构的出现。我们在金融科技领域看到的这种模式——简化、单一价值主张的专业化，以及精简的数字化中介的出现——表明了人类商业运营模式的普遍转变。

毫无疑问，就像其他行业的现有企业一样，金融机构会看到更多的参与者进入它们的领域，它们需要迅速地适应这种环境。然而，除非初创公司专注于建立信用，否则将很难参与竞争。有利的一面是，那些擅长建立信用的初创公司将会迎来巨大的机遇。

享有信用的公司是客户的宝贵资产，而建立和维护信用则是企业的一项重大战略。如今，所有或大多数影响我们生活的著名科技公司，从乘车软件到搜索引擎，都是值得我们信赖的。它们创建了高效的数字化中介，用户相信通过这些中介可以完成期望的工作。但也并非所有擅长建立信用的企业都必须相信它们的价值创造仅仅来源于它们建立信用的能力，因为只有以客户为中心，不断完善自身，这些企业才能从市场中脱颖而出。

到目前为止，信用作为一个概念一直很难得到实践，因为它在商业环境下的价值创造中没有一个明确的定义。而现在，有了上述定义，一切问题都将迎刃而解。

第二部分

信用序列

THE
TRUST
ECONOMY

第四章　社会资本和信用模式

不断有证据表明社会资本在提高国家、公司和个人的生产力和收入上有巨大的作用。事实上有些公司非常清楚自己的价值所在，现在用来交易的许多技术公司都将可信任的“社会资本市场”元素融入它们的业务中。

P2P 商业模式是社会资本驱动型商业的最好例子。这种商业模式大体上是通过用户之间的相互信任进行自我管理和调控的。爱彼迎（Airbnb）的联合创始人乔·格比亚（Joe Gebbia）称这是“为信用而设计”的平台，同时他也谈到了为了成功地做出这个平台而进行的尝试以及出现的问题。尽管有许多正面案例表明，部分企业已经找到了成功建立信用的方式，并将其对价值创造的影响最大化，但无数企业仍在艰难地应对这一挑战。

就像所有复杂的挑战一样，当有一种方法被用作模板时，建立信用的过程就会变得容易许多。例如，设计思维方法的发明使设计能够更有效地满足用户的需求；精益创业方法使初创公司大大增加了它们在市场上取得成功的机会；方法论通过将难以实现的挑战分解成任何人都可以遵循的简化阶段来获得更佳的结果——如创新和建立一家成功的初创公司——从而揭开了难以实现的挑战的神秘面纱。

尽管信用具有重要意义，但迄今为止仍被视为一种“软”资产，这可能源于它的复杂性和普遍性。信用经济模式围绕信用在商业中的作用以及价值创造最大化方面提供了系统的方法。

在六个阶段建立信用

在本书中，笔者提出了一个用于建立信用的序列法，分为六个阶段，通过使用易于理解和应用的模式，简化了复杂的信用建立任务。信用经济模式提供了信用建立业务中的简化和有组织的视图。它旨在成为各种信用建立工作的指导框架，也是信用战略的核心，为信用的创建、评估和恢复指明了方向。它旨在最大限度地提高在任何情况或场合下所有利益相关者的信用度，包括用户、投资者、高级管理人员、政府、媒体、陪审团、联合创始人等。信用模式见表1。

表1　信用模式

主动	1. 感知	2. 诱惑	3. 联系
被动	4. 验证	5. 依恋	6. 联盟

信用模式假定每个信用建立的过程都以一定的信用级别开始和结束。信用建立是循序渐进的，不同于收入或销售可

以轻松地通过数值来估算，信用没有起点也没有终点。这就是为什么信用模式是永恒的，并且理论上这个过程可以永远地持续下去。

信用模式的六个阶段中，每一个阶段都提供了关于如何增加信用的指导性意见。即使我们分别应用每个阶段，也可以努力达到更高程度的信用。该序列旨在简化信用的建立工作，并加以充分利用。例如，在说服某人与您互动（阶段 2 中的诱惑）或与他们建立融洽关系（阶段 3 中的联系）之前，尽力留下最好的印象（阶段 1 中的感知）是有意义的。这些是组成信用建立模式第一个过程中的三个阶段。第一个过程是受托人（需要建立信用的机构）驱动的主动信用主张。第二个过程即信用接受，包含了信用接受者的反应。它由信用实体或“委托人”的严格评估（阶段 4 中的验证）、可能引起重复互动的决定（阶段 5 中的依恋）和最终建立与受托人的联系（阶段 6 中的联盟）组成。

您可以把这个比作做意大利面——先在锅里装满水，然后把水烧开，放入意大利面，把面条煮熟，最后上桌。当然，您也可以改变顺序，但其结果可能并不那么令人满意。

更接近商业的一个例子是设计思维过程。您可以从头脑风暴开始，而不是先定义问题或了解人们的需求和观点。这样做可能会带来一些成果，但得到的利益并没有别的方法多。如果您曾经有过设计思考的经历，那么当您看到设计思维方法是如何帮助您获得巨大成果时，您可能已经感受到了一种与魔术相近的东西。也许您已经完成了启动加速计划并亲身体验了它在逐步建立稳固业务过程中的作用。或者，您已经用谷歌设计冲刺解决了您的业务面临的严峻挑战。每当有一个棘手的问题需要解决，面对复杂挑战或不确定的未来时，一个好的方法可以显著改善结果。

信用模式的重点及其基本设想在于它拥有建立促进创新所需的信用的能力。当要说服人们相信以前从未做过或尝试过的事情时，建立信用变得比单纯的诚实、做正确的事情和把事情做对要复杂得多。

信用模式在变革时期十分有意义——它可以用“零对一”的理念彻底改变一个行业，改变一家公司的文化，重塑公共服务的提供方式，或者仅仅是说服人们改变他们的行为。另一个重要的应用是重建一个羽翼未丰的企业，如恢复信用的底线，并以此盈利。在这两个极其不同的目标之间，有许多企业面临着外部威胁（如被取代的风险，或被模仿的风险）和内部威胁（如企业内部政治，或初创企业资金枯竭），在所有这些情况下，专注于信用建设可以改变游戏规则。

大多数企业在努力建立信用关系时，如与客户建立信用关系，都是基于商业因素来考虑的。但是，追逐非纯粹商业利益的企业更能赢得人们的信任。当今最具战略性的公司和领导人都明白，从长远来看，做善事对企业是最有利的。就商业考虑而言，短期利润最大化通常是当务之急。尽管随着时间的推移，有着长期规划和行动的公司会表现得更好，而且更有可能实现持久盈利，但人们还是忍不住要为下一季度实现利润最大化而全力以赴。信用在这些关键决策中发挥着作用，从某种意义上来说，领导更容易相信自己有能力在更长的时间内提供更大的季度业绩，而不是实现最佳业绩。这就揭示了当今大多数企业所面临的困境，并呼吁培养新型的有勇气做正确事情的领导人才。短期收益可能是获得股东信任的策略之一，但有人指出，这种做法会吸引错误的股东类型。建立和维护信用的方法有好坏之分，也有高效和低效之分，结果也有好有坏。从这个意义上说，建立信用就像企业为了盈利而投资的任何其他资源一样。

信用和企业利用的其他有形或无形资源之间的主要区别在于，无论企业是否意识到，任何类型的经济活动都需要信用。试图在没有信用的情况下获得经济利益，就像试图印制自己的钞票并说服零售商接受它作为支付方式一样。如果对某些东西的价值缺乏信任——无论是货币单位、一杯咖啡还是一家初创公司——您将很难找到可以与之交易的人。

信用的建立和回应——双向道

信用经济模式由两个过程组成。第一个过程（阶段 1 ~ 阶段 3）描述了公司和个人为建立、增强和恢复信用所采取的准备阶段；第二个过程（阶段 4 ~ 阶段 6）阐明了大众的反应。

如果您想被信任，必须首先学会信任他人。建立信用需要多个受众——您需要发起方和响应方。个人之间的信用建立是双向的，也就是说，我们基本上可以看到两个信用建立过程同时发生。这就是尚不了解彼此的双方建立信用的棘手之处，当两者都不确定另一方能否或如何为他们增加价值时，一方不可避免地要迈出第一步来开始互动。

将信用模式划分为主动阶段和被动阶段便可以解决这一难题，因为建立信用关系总是至少需要两方（正如我们在后面章节中探索可信中介时所看到的那样，通常它至少需要三方）。记住这一点很重要，因为您很容易忽略自己仅仅控制了一半的信用建立过程。

从公司到个人的信用建立努力更为片面，大众纯粹是在回应。然而，成功建立信用的公司也对用户抱有很大的信任。P2P 商业模式就是一个很好的例子。公司没有制定一套严格的规定，而是让客户在设置了安全栏的范围内进行可自我调控的互动。稍后我们将对此进行详细的介绍。

当传统企业（尤其是金融机构）提及信用时，它们流露出一种绝对的自信——强调企业运营了多长时间，系统（或离线金库）有多安全，对行业内的顶尖人才有多大的吸引力，等等。在本书提出的信用模式中，这些举措主要是作为创造最佳公共认知的手段。并且，这仅仅是信用模式中定义的六个阶段的开始。换句话说，许多公司可能会认真考虑如何建立信用，但它们并没有付诸实施。如果按照信用模式，它们则需要多走超过 1/6 的路来把自己与客户之间的信用最大化。

以金融界为例，金融科技领域有一句著名的格言：千禧一代信任脸书胜过信任银行。这句话很有说服力，但也证明了我们对信任的定义缺乏宏观把握。如果千禧一代真的不相信银行能够安全地保存他们的存款，那么他们肯定不会把钱存放在那里。

通过将信用建立的复杂概念分解为六个独立的阶段，我们可以对公司的可信度进行更具体、更有指导意义和更细分的评估，即产品或服务的哪些具体方面是可信或不可信的，而不是坚持对某个整体是否可信的二元评估。信用经济模式有助于企业根据它们与客户建立的总体信用来衡量从客户体验到投资者关系等各个层面。这使我们能够区分人们信任一家公司的方式和原因，以及由此创造的价值。

品牌——吸引我们的信任

从最基本（也是最不稳定）的层面来看，信用会受交易等特定环境的约束。银行就是一个很好的例子。人们相信银行会将资金从 A 账户转移到 B 账户。这种信任是有条件的，并且只适用于上述活动。在最高层面上，信任是无条件的，因此它将与许多事物产生联系，而且在很多情况下都是如此。例如，您对家庭的信任，就不依赖于特定的互动（如您母亲的生日，工作日或天气），而是一种正常的情感反应。

在韩国和日本等国，知名品牌已成功与其客户建立了普遍信任的关系，因此您可以看到三星（SamSung）、乐天（Lotte）、朝日（Asahi）等家喻户晓的品牌出现在大量不同类别的产品上。这自然向我们展示了品牌与信用之间的关系。

一个著名的品牌几乎具有普遍的吸引力，这能够让几乎任何以它为品牌的产品被客户信任。例如，保时捷（Porsche）销售的生活用品种类繁多，而苹果（Apple）最近也利用其强大的品牌扩大了产品范围。这意味着，这些公司可以冒险进入新的商业领域，并在某些情况下，成功地“延续”现有客户群对它们的信任。最终，我们得出一个非常简单的公式：品牌是价值的保证，而信用则是品牌最重要的组成部分。

品牌的主要目的是在将一定标准的商品交付给客户时，建立客户对企业的信任。品牌专业人士对这种质量标准一致的重要性赞不绝口——这是确保人们在台北、东京、慕尼黑或蒙特利尔香奈儿精品店（或麦当劳）消费时，得到同样质量的商品的唯一途径。体验一致性的重要性为企业提供了一个绝佳的机会，让他们依靠可信赖的中介建立品牌，即使在个人经历完全不同的情况下，也能保证一定的标准。

设计酒店网站 Designhotels. com 是全球精品酒店协会最重要的网站之一，它的品牌是建立在以下承诺上的：在保持全球酒店标准的同时，为会员酒店提供原创体验。这就形成了当地的特色和普遍的质量标准。如果“glocal（全球标准 + 当地特色）”这个词听起来很熟悉，那就是一个范例。澳大利亚奢侈化妆品品牌伊索（Aesop）也采取了类似的做法——它在全球的每一家专卖店都有不同室内设计师的签名，而所有商店的产品面板却是一样的。

这一类品牌是在过去十年中涌现出来的，它们展示了信用和一致性品牌是如何在全球范围内以更具活力、更令人兴奋的方式建立和维护的，而不仅仅是千篇一律。如今，人们渴望本地体验的原创性，而建立信用的努力则集中于在多样化的服务中创造一个共同的承诺。

爱彼迎是硅谷最著名的公司之一，该公司试图利用现有的私人资产，建立一个具有先进理念的、值得信赖的中介机构。人们通过其创建的平台可以将自己的房子租给陌生人，并承诺旅行公司提供具有当地特色的安全旅行住宿（比许多酒店的价格更优惠）。在很大程度上，该公司在客户体验上实现了令人羡慕的独创性和可靠性之间的平衡。然而，这是有风险的。在大多数情况下，社区都能有效地实施自我监管，但也有可能会导致严重的破坏事件和其他犯罪活动。与酒店的情况不同，此类事件对交易双方的个人影响更大——因为破坏某人的私人住宅不仅仅是一种经济责任。这展现了在 P2P 中建立信用时所面临的挑战。

最终，似乎价值交换的方式正在从僵化的、标准化的模式走向“全球本土化”的大众外包。品牌和企业将需要面临更多的不确定性因素，并反过来增强他们对信用建立实践的经验。企业越是参与到他们所经营的社区中，就越会受到社会认同并对他们的服务对象产生兴趣。

信用和幸福

本书中所呈现的信用模式是基于个人收集的数据的研究成果，重点是信用的经济作用。它结合了关于在人际互动中信用本质的学术结论。这些关注的重点是声誉的各个方面

（过去的互动、感知的可信度、可转移性）和习惯的形成（信用促进未来的合作）。一些具有里程碑意义的论文也提到了信用在社会和经济互动中不可或缺的作用，并与荷尔蒙（俗称人类“爱情激素”）联系起来。这从进化的角度强调了信用的重要性，以及人类神经生物学如何影响经济决策和荷尔蒙如何驱动我们的信用倾向。

为什么这很重要呢？因为它为我们提供了证明信用与价值之间关系的科学证据。如果我们承认人类的终极目标是获得人类极其重视的幸福并承认荷尔蒙在增强幸福感和信用感方面发挥着重要作用，我们就可以假设在我们的快乐程度和信用程度之间存在某种联系。它指出了人类一种自然的信用倾向，这种信用必定会一直伴随着我们——这就是本书提到有必要“复兴”信用作为一种值得尊重的商业资产的原因。

在全球范围内，社会最大的困境之一就是经济繁荣与幸福之间缺乏联系，这个问题非常重要。我们在经济上创造了如此多的价值，却没有对我们最终所追求的东西产生任何影响，这怎么可能呢？即使不是天才，普通人也能意识到现代工业化社会是建立在缺乏信用的基础上的。当数以百万计的陌生人在人口密集的地区居住时，门锁、法律合同和警察都是必要的。

但正如我们所了解到的，信用越普遍，创造的价值就越大。在本书中，信用被重新定义为“实现价值的衡量标准”，即对我们来说是真实的价值。据一项被大量引用的关于这一主题的研究称："信用度高的社会拥有更高的投资率和增长率。"

此外，社会资本高的社会幸福感更强，而社会资本低的社会则"被信用缺失所冲击"。或者，正如美国公共知识分子弗朗西斯·福山（Francis Fukuyama）所说："一个国家的福祉，以及它的竞争能力，都受到一个单一的、普遍存在的特征的制约：社会固有的信用程度。"他认为各国的文化差异导致美国、德国和日本的工业经济比中国、意大利和法国的工业经济更成功、更有活力。在第一组国家中，家庭之外的广泛社会交往导致了跨社区的信用普及，而不是将"信用行为"限制在相对较小的群体中。

鼓励信用的环境

从宏观的角度来看，我们发现在虚拟和现实环境中的行为也有显著的差异。为什么我们会本能地对街上的陌生人产生不信任，却能安心地在离家几千英里远的地方随便订一间房？无论是线上还是线下，我们所处的环境以及我们对它的认知才是最重要的。我们很容易相信一个拥有一流评论和数百名粉丝的 Carousell 网站，但对没有提供图片或内容的新网页却持怀疑和更加谨慎的态度。信用不仅产生价值，价值也在促进信用的形成。一个显示内容丰富、质量高的用户主页为我们提供了价值，于是信任就变得非常自然。在咖啡馆里穿着得体的陌生人比在大街上穿着邋遢的陌生人更容易被信任。与我们拥有共同品位和喜好的人在我们的眼中更值得信任（这是信用建立模式阶段 1 中的关键组成部分）。在某种意义上，这释放出一种信号：我们是同一类人。

环境是由几个显著的特征定义的，这些特征允许我们对它们进行分类。无论我们是否意识到这一点，这种环境都对我们得出结论产生了重大影响。我们对一个陌生人，如保安或者医生，会有不同的感觉，因为这些人因其权威地位而被认为是可以信任的。

环境决定了获得他人信任的难易程度。这就是为什么今天的科技公司专注于围绕以前被认为不可能的、不太可能的或完全不受欢迎的经验来建立业务。我们所处的每一个环境都有自己独特的文化，我们每天的生活都与各种共存的文化交织在一起，除了我们的民族文化，我们还沉浸在与我们的家庭、信仰、职业、娱乐、邻居和居住地有关的文化中。那些在我们生活中扮演重要角色的人，都是各自独立的，但又处于相互重叠的文化圈子。这些圈子有可能是矛盾的，但这也暗示了为什么我们中的一些人在工作时和工作外是完全不同的人。

理解文化的运作方式有助于我们理解为什么如今新一代公司能够成功地改变人们之间建立信用的模式。这就解释了为什么笔者在不熟悉的地方停车会三思而行，但当笔者需要去某个地方的时候，却凭直觉选择了最喜欢的打车软件。这也解释了为什么在沙发客（Couchsurfing）这样的平台上会有约会，以及为什么和在互联网上结识的陌生人约会已经从一个敏感话题变成了主流行为。

中介机构和市场

长久以来，受信任的中介机构主要是由银行、律师事务所、旅行社、保险公司或人事机构等实体企业承担。甚至我们会依赖超市和百货公司。所有这些公司的共同之处在于它们的主要附加价值能够为个人和其他企业提供高质量的产品。我们依赖它们是因为我们相信自己所购买的东西。

在传统观念里，市场价值（无论线下或线上）主要体现在两方面：一方面是提供的商品和服务，另一方面是目标顾客。事实上，如果这些中介机构没有对上述商品和目标顾客的价值建立起合理的信用，这些功能就毫无价值。

这一点在数字化中介机构中尤为明显。在线商业平台只有在对买家和卖家都有价值的情况下才能生存。与实体店不同的是，由于库存和人群是不可见的，几乎没有证据表明这种价值的存在。因此，尽可能去创造价值，从而取得客户的信任就变得至关重要。

就 P2P 平台而言，实现这一目标更加困难。如何在不能确保用户一定可以相互受益的情况下，让足够多的用户使用这个平台？如何让用户群对平台提供的增值服务表现出最大的信任？

人们很容易认为 P2P 服务比传统的市场更简单。有人可能会说，增加价值是用户的责任，而且几乎没有人可以改变这一点。实际上，除非平台上的活跃用户能够从中获取价值，并向其他用户提供价值，否则没有人会使用您所提供的服务平台。这种相互增值需要相互信任。该平台在增值用户中建立信用的能力决定了它的可行性和成功率。如果人们不相信使用 P2P 平台带来的个人收益，那么他们为什么会相信新的 P2P 市场是有用的呢？

这就给这些平台带来了巨大的挑战，它们需要吸引合适的用户，并引发合适的交易，从而使用户得到的价值最大化。过度干涉用户行为通常会适得其反，因为它们很容易影响用户体验，降低平台固有的价值。

握手获得信用

如今，大多数公司的结构和管理方式仍然是将个人置于角色、权力和官僚机构的紧密束缚之中。想想上一家您为其工作或与其合作的大公司——几乎总是会涉及大量的文书工作。甚至初创公司在开始筹集资金和建立报告关系时也要处理大量的文件，目的是控制风险和执行既定方向。但这不可避免地意味着，解决法律、合规和绩效相关问题的自我监管方法尚未在商界站稳脚跟。这些合同通常以集中化的结构来操作，但随着智能合同技术的出现，这种情况开始发生变化。智能合同技术能够在数字化业务流程自动化方面发挥重要作用。

虽然世界上的大部分业务都是以书面形式正式完成的，但实际上也遵循着相互信任的模式。亚洲是一个完美的例子，它强调关系驱动型业务。良好的人际关系网络在世界各地都很重要。在许多情况下（如雇佣一名员工），法律文件只是一种形式。尽管如此，即便这些文件的出发点是好的，却花费了我们大量的时间和金钱，有时甚至会给我们带来诸多不适。

智能合约为减少与日常业务相关的文书工作提供了极大的便利，并可能为企业提供减少其法律开支的途径。信用水平的提高逐渐减少了对冗长合同的需求，这些合同可以使当事人免受无数事件的影响。这是以最优雅和最简便的方式增加从商业交易中创造的价值。

握手仍然是双方信任的重要象征，这是有充分理由的——“握手协议”在许多文化中仍然很普遍，而且是不可替代的。因为它们不需要正式的类似“强制执行”字样的条款。相反，它们是双方共同接受的文化和社会礼仪，深深根植于从事此类交易的企业的行业价值观中。在普通法中，这类合同实际上被认为是可强制执行的；合同的履行并不总是需要书面形式。无论这些协议是否有法律文件的支持，或者只是没有任何正式表述，它们都能确保商业协议的双方从中获益。

我们在世界某些地区看到了同样的无担保贷款模式——例如，东南亚一些新兴市场的无担保贷款违约率就非常低。这主要归因于谴责债务的文化因素。另一种解释是，发款人本来就认识借款人，且借款人不希望被社会视为品德败坏之人。

无论是出于何种原因，这些形式的合同都表明，硬性法律文件绝不是确保遵守某些标准或谈判条款的唯一方法。实际上，人类的行为表明，其他许多因素也起着同样重要的作用，甚至可能更有效。

基于信用缺失的书面合同

书面合同不仅是约束遵从性的一种非常过时的策略，在某些情况下甚至是完全无效的。它们往往是对另一方可能采取行动的一种正式表达，主要是出于对个人或公司可能会对彼此造成某种伤害的恐惧。合同是用于针对在业务实施过程中可能出现违约而应变的解释性文本，它们在默认情况下是消极的。因为如果双方之间的价值交换对双方都是完全成功的，就没有理由诉诸合同协议。

但问题是合同并没有让事情变得更简单和直接。否则，为什么即使是非常聪明的人也难以理解大部分合同中的语言呢？在很大程度上，实力更强的一方为了自己的利益会在合同中向另一方微妙地（或明显地）施加某些条款，从而使其有利于更有影响力的一方，而不是对处于劣势的个人或公司。购货合同就是一个很好的例子——那些可以选择与多家供应商合作的公司会对供应商施加越来越不利的条款，而合同则有助于正式实施这些条款。

因为合同是非人格化的，它们特别适合作为苛刻条款的载体，而这些苛刻条款在面对面谈判时很难达成一致意见。权力失衡和权力剥夺在公司对消费者的合同中非常明显。习语“小字背后的秘密”（hiding behind the fine print）说明了问题的严重程度。我们先是起草了一份非常复杂的合同，然后用特别小的字体打印最不优惠的条款，或许是希望与我们打交道的一方会忽视这些条款。这多奇怪呀？这恰恰表明了当今许多商业关系的破裂和信用缺失。

此外，我们所知道的法律制度在执行以合同形式拟定的协定时，能力十分有限。通常，法律程序会浪费双方当事人的时间和金钱。与此同时，人们往往很难弄明白合同中规定的违约条款，更不用说去证明了。作为静态文件，合同主要靠个人来发现是否存在违约行为，而合同越复杂，理解起来就越困难。

更广泛的信用缺失文化

与其深入探讨合同协议的性质和缺陷的细节，不如让我们把镜头拉远，从更远的视角来看问题。无论是在某些人之间，还是在交易各方之间，签订合同的根本原因都是缺乏信任。尽管我们在不信任某人时需要跨越很多障碍，但资本主义经济大多建立在一种注重评估和可追溯性的哲学基础上，而不是立足于建立信用关系上。管理科学界定了企业如何在这样的环境中实现利润（或价值）最大化的目标，而不幸的是，信用缺失在这方面起着至关重要的作用。

看一看商学院的任何一本教科书，您都会发现人们对控制有着某种痴迷——这似乎是在鼓励公司中的一批人调整他们的个人兴趣以实现公司价值最大化的最佳（或唯一）方式。在现实中，尤其是当他们被外界控制而做出某些行为时，他们都会先追求自己的利益。个人利益和与之合作的公司的最佳利益之间的不一致（称为委托代理问题），很容易因为试图限制个人行为而变得更糟。人类不能被迫提高生产力，特别是在现在这样一个自由和获取的时代。以一家公司为例，它为了确保信息技术的安全，就会限制设备在工作中的娱乐用途。如今，在公司网络上屏蔽社交媒体网站会引导人们使用智能手机去做他们想做的事情，这可能会比他们使用工作设备做这件事更降低他们的工作效率。

缺失信用的文化是许多现代管理方法的副产品。如果我们接受信用能够创造价值，那么缺乏信用就意味着价值要么被摧毁，要么根本得不到。因此，如今的大多数公司都把大量时间花在了阻止创造价值上，这降低了公司的整体利润潜力。通过将怀疑和缺失信用设立为默认状态，管理已演变为一种破坏价值创造、而非价值创造最大化的惯常做法。

如果技术本身都无法解决安全的核心难题——那么又有谁或是又有何种手段来监控管理人员呢？不管我们设置了多少安全措施，都无法取代对信用的需求。因此建立一种基于信用和社会资本的文化才是更好的选择。

第五章　信用序列的阶段

2016 年 7 月，笔者参加了由 Techsauce 传媒有限公司在曼谷主办的国际科技峰会上的风险投资家的小组讨论。其中一位与会者做了一场非常出色的发言，他透露了自己创建独角兽（即价值 10 亿美元的公司）的秘决，并解释了信用和价值创造之间的密切关系：成立一个法律实体，发行 10 亿股股票，并以 1 美元 1 股的价格卖给您的朋友。现在，这个价值 10 亿美元的问题是，如果没有人相信这个估值，它是否真实存在？这很好地衔接了信用经济模式的阶段 1：感知。

阶段 1：感知

生活中的很多时候，第一印象都十分重要。但其实感知同样重要。在信用建立的过程中，它是信用关系建立的门槛。我们很少意识到声誉会对我们的影响有多大，也很少意识到声誉在多大程度上影响着我们彼此的商业活动。无论我们决定去哪儿工作、去看哪位医生，还是在决定开什么车，我们对它们声誉的感知都会影响我们最初的决策。

声誉（Reputation）和名誉（Fame）在意义上是非常相似的，它们都会蔓延到我们选择与之交往的人身上。这就解释了为什么即使我们不认识彼此，也不害怕付钱给陌生人，让他们开车把我们从 A 地送到 B 地，不再害怕和一个我们只在社交媒体上认识的人见面，或者不再害怕待在别人的私人住宅里。所有这些过程之所以能够实现，一方面是因为我们获取的声誉是中介提供的，另一方面是因为分散的信用体系使人们能够相互信任。这让我们不仅可以信任他人，还可以信任通过中介促成的交易。

虚拟社区和“信用网”（Web of Trust）技术是互联网如何将信用扩展到数字化领域的两个例子。在这两种平台上，都需要了解谁值得信任以及值得信任的原因。这就需要建立声誉。用爱彼迎（Airbnb）联合创始人乔·格比亚（Joe Gebbia）的话来说，“事实证明，一个精心设计的声誉体系是建立信用的关键”。声誉取决于感知，且感知在信用建立中发挥着重大作用。

声誉、情感和直觉

信用模式的阶段 1 侧重于感知，并将其分解为三个高度相关的概念：声誉、情感和直觉。声誉描述的是我们从外部世界获得的所有感知的总和；情感是我们的内部评估；直觉是我们从感知中得到的或多或少的有意识的结论。所有这些都影响着我们如何看待世界，以及我们是否愿意与人、品牌或公司打交道。除非我们对所看到的事物有足够的信任，并相信它的潜在价值，否则就没有机会进一步建立信用。

在阶段 1 中，声誉是最重要的方面，它由我们通过感知和直觉在内心做出反应来进行调节。尽管我们很大程度上依赖于自己的个人观点和直觉，但作为社会物种，我们也深受专家、多数人的意见和公众意见的影响。虽然感知是无形的，但值得信赖的人和公司从中获得的价值却是真实的。

例如，您可能认为新加坡航空（Singapore Airlines）公司提供的是最好的客户体验，并相信自己的感知。那么您对公司服务的价值认知度就会高，并且您的信念会影响对现实的感知。您相信自己的判断，这一事实对您来说是真实的，对周围受您影响的人来说也是如此。客观事实可能会证明您是错的，但这并不一定会降低您对新加坡航空公司的价值认知程度。

我们通常会在周围寻找能够肯定自己世界观的信息，这对信用建立的感知阶段有着重要影响。人们越是相信一个品牌是值得信赖的，就越有可能认为这种感知是正确的。这样，您建立的信任感越强，就越容易进一步增加这种信任。您越不相信，就越难以改变这一观点。

信用建立与我们培养的其他习惯一样，可以帮助我们做出值得自己信赖的选择。如何培养信用建立的习惯取决于从周围世界得到的信息，以及每个人内心世界对它的反应。

群众的智慧

在探索应该相信何人、何物的问题上我们倾向于相信群众的智慧。这个众所周知的原则表明，向一大群人询问某件事很可能会得到真相。这种说法的真实程度以及对我们的影响程度取决于我们所处的环境——诸如文化、人格等因素。尽管存在差异，但我们还是能看到诸如在线上评价量表等声誉系统中反映出的群众智慧的力量。在猫途鹰（Trip Advisor）上，即使是最好的酒店也会有一些负面评价；亚马逊畅销书也是如此。声誉系统的完整性取决于它们能否准确地反映大多数人都认同的质量标准，并且能够被社会影响左右。

为了使终端用户认可声誉系统的价值，声誉系统的设计目的是将单个用户评价放到能促进交流的环境中。通常，系统将单个评论聚类到评分量表或栏中，并显示出平均得分或每个评分给出的次数。有些甚至更进一步，显示每个评论者的详细个人资料，以便浏览者可以独立判断他们的相关性。这里的前提是，我们可能会发现对有着相似标准、品位和生活方式的人的评价比其他人的评价更有相关性。但是，尽管查看用户资料、消费群体数据甚至平均评价分数的选项可以帮助我们理解个人观点的相关性，但实际上所有这些细节都与平均评价无关。我们更易于认可并依赖集体智慧的力量来帮助我们做出决定，特别是在决定该信任哪些人或哪些物时。

回想一下自己上次去一个受欢迎的度假胜地旅游的情景吧。也许您在旅行前问过您的朋友和家人，他们会建议您去看什么和做什么。大多数情况下，您会得到一些不同的建议，但几乎总会出现几条相同的。而最终，有两件事可能会促使您按照这些建议去做——您得到了多少条重复的建议，以及您对给出那些建议的人的信任（即重视）程度。

在基于网络的声誉系统中，从技术上讲，由于不认识（或不信任）在场的任何评论员，因此，评估他们的评价的唯一有效方法是看他们的表现是否一致。您将会寻找那些您认为能告诉您事实的评价。例如，您会发现自己更容易信任那些最近获得了高评价的实体，或者那些因为过去的表现获得了正式认证的实体。我们对所评价的人员或实体了解得越少，就越倾向于依赖可验证的数据点。这就是为什么尽管权威的观点可能具有误导性，但仍能以强有力的方式影响我们，塑造我们的感知；历史信息也是如此。

对选择的评估

我们对外界观点的评价，以及它在塑造人或物声誉方面的重要性，被许多直觉的因素影响。直觉结合情感能反映出我们在某个时刻的处境和情绪状态，由此形成我们对个人、品牌或公司潜在可信度的全面评估。这有助于我们决定上述实体有多大的价值。情绪可以在决策过程中发挥重要作用。获得合适的感知可能会在几秒内发生（如对某人形成第一印象），也可能需要长时间的研究。

从信用建立的角度来看，这有助于确保我们理智地利用时间。在建立最低限度的信用感知之前，任何商业行动都无法有效进行。信用阈值水平因人而异，在很大程度上取决于具体情况，因此难以界定。例如，假设您想购买 X 服务，而您只能从一个供应商处购买。您最初对供应商的信用程度在很大程度上取决于为满足您的需求而去购买上述服务的价位。

现实生活中的一个实例就是更新护照。因为只有一个供应商：政府。您可以选择不更新护照，或者通过政府服务来更新护照。对政府的信用程度与自身的决定没有多大关系。这里唯一有关系的是您对护照更新的重视程度。您越重视它，您就越信任能够为您做这件事的（唯一的）实体。

赋予事物的内在价值受个人选择的影响，也就是说，可选择的越少，您就越重视和信任它们。选择、价值和信用之间的关系类似于稀缺性原则。换句话说，独一无二或唯一提供产品或服务的人极大地促进了信用的建立。这从信用的角度解释了为什么垄断企业有很强的创造价值的能力，以及为什么某个商品的唯一供应商会是您默认的信任对象。

如何定义构成唯一选项的说法不一。在护照的例子中，垄断是绝对的——没有其他（合法的）方式可以获得护照。相比之下，苹果（Apple）、特斯拉（Tesla）或亚马逊（Amazon）的垄断地位是相对的，或被认为是相对的。例如，即使您认为 iPhone 没有替代品，也可以购买其他型号的智能手机。这里的垄断与替代品的可用性关系不大，更多的是与个人对市场上其他产品（或服务）的排斥有关。换句话说，您相信没有其他产品或服务能像您喜欢的那样满足您的需求。这需要一定程度的品牌驱动差异化，同时这也是一种明显的垄断。您和公众对一个品牌优于其他所有品牌的信念，使该品牌有可能享有垄断利润。

声誉对于实现垄断规模是必不可少的，因为垄断是根据总体市场份额来定义的。这意味着仅仅是您（或公司）相信自身的产品或服务的优越性是不够的，必须让大部分的客户也认识到这一点。感知差异化对于卓越的价值创造至关重要。比较一下我们对采购自认为优越的商品和服务的态度，和那些我们被迫从一个或几个选项中选择的态度，前者将会更加令人满意。

公用事业公司才是真正的垄断企业，它们是为数不多的服务于重要需求的公司之一。因为这一选择是强加的，而您本身通常不会有兴趣和它们打交道，或者从它们那里采购商品。实际上，真实垄断和感知垄断的最终结果是完全相同的，但消费者的体验是不同的。在感知垄断的情况下，消费者相信某品牌是他们最好的选择，同时他们也相信这一选择是自由选择的结果（即使他们已经被自己锁定在里面）。

奈斯派索（Nespresso）是笔者所知道的为数不多在快速消费品领域实现这一目标的品牌之一。奈斯派索品牌的精华在于强调产品的多样化和可选择性。它的闭环系统很好地适应了客户的需求，给顾客带来一种策划选择的感觉，以至于大多数顾客都乐于接受这种商业模式。其精心设计的主打口味选择、季节性特价以及逐渐增加的新产品带来了卓越的体验，也形成了雀巢产品组合独特的品牌价值。

这些在道德上没有任何问题；相反，它是一个具有指导意义的例子。它说明了品牌应如何根据客户需求进行设计，以及感知在建立信用方面发挥的关键作用。世界上最值得信赖的品牌及其产品和服务创造了感知上的垄断。消费者认为这些垄断企业是满足他们需求的最佳选择。客户感觉可以控制自己的选择，自愿做出决定，且认为它们的产品独一无二。

这同样适用于我们愿意为某物支付的价格。价格是由我们对其价值的感知决定的，或者我们相信这应该是适合该物的价格。这就解释了我们为什么更乐意花 6 美元在我们选择的咖啡馆里买一小杯卡布奇诺，而不愿花 4 美元买一盒牛奶。

环境对信用的影响

这就引出了环境对信用的影响。我们喜欢说某物的价格是 X 美元，指的是卖家设定的价格，而不是实际成本。它对于我们而言的成本可能与它对于其他人的不一样，而且它肯定会与分销商的成本不同。成本和价值并不是绝对的，而是相对于它们的环境来评价的。

环境塑造感知，反之亦然。不管我们是否认为某物与其他事物相似或完全不同，都会影响我们对它的信任和评价，以及我们将付出多大的代价。我们的个人参照物和思维模式在我们的世界观中发挥着巨大作用，也对我们的价值观产生了重大影响。很多时候，我们会将新事物与我们已知的事物进行比较，从而确定我们应该如何评价它。在很多情况下，我们认为它可以与已经获得我们信任的东西相媲美，或者将这一事物认定为对一个社会广泛认同的问题的答案。这两种方式都有利于影响感知，也有助于建立良好的声誉，为灵活多变的信用建设奠定良好的基础。

环境以类似的方式支持、减少或渲染任何信用建立和价值创造工作。例如，在一个禁止车辆通行的岛屿上开办汽车分销业务毫无意义。您可能仍然会销售质量优良的汽车，但所处的环境会削弱您的努力。这是因为有些环境与价值创造的某些类型和行为不兼容。而共生关系和标准化则很好地解释了许多环境因素的问题，例如，新加坡的购物中心通常位于地铁站或主要公共交通枢纽旁边。

任何特定的经济活动通常都局限于某些特定的环境中。把它从这种环境中拿出来放到另一个与它无关的环境，可能会产生意外的收获，并为重新定位业务提供帮助。例如，再看上述的汽车例子，在连接岛屿和大陆的渡轮上建立一个经销商可能会很有趣，这样岛民就可以在他们前往大陆时体验不同的交通方式。或许我们可以更好地改进这种商业模式，从购买业务模式转向租赁业务模式，即让身在大陆的岛民可以随时使用汽车，回家时也可以方便地归还车辆。

总而言之，把传统的商业活动（或全新的想法）放在新的、不相关的或完全陌生的环境中，会带来非常有趣的结果，并促进其独特性和创新性。以正确的方式做这件事会加快塑造积极的感知。脱离环境的好处很大程度上在于它与传统环境的关系，因为商业活动普遍存在于传统环境中。

例如，电子商务公司可以从这样一个事实中获益：一方面，消费者将其视为线下零售商的替代品；另一方面，在网上购买之前，他们可能会将线下零售场所作为“非官方”展厅。这可能会带来新的创新机会，特别是对于那些面临着古板僵化环境的企业来说，虽然顾客已经习惯了这种环境，但也在忍受这种环境。

将商业模式从一个行业转换到另一个行业，或者将来自不同地方的元素融入一种新的商业类型中，这些都是改变现状的好方法。这有利于帮助用户在现有参照物的基础上更好地理解创新。例如，将奈斯派索的营收模式比作吉列（Gillette）的“剃须刀片”商业模式，这就更容易解释前者的营收模式，并有助于人们了解公司是如何盈利的。尽管我们谈论的是不同种类的产品，但人们很容易就会联想到吉列等品牌，因为他们很可能在生活中购买或遇到过这种剃须产品。基于对比的解释最适用于知名品牌，但这种模式也很容易变得老套。关键是比较的方式要独到，而不是推出下一个“Uber for XYZ”。

建立公司的方式以及它的商业和运营模式将会把您和一个行业或一家原型公司联系起来。这其中大多数是非正式存在的——它们产生于人脑中。例如，一家提供数字化银行业务的金融科技公司属于金融服务业。不过，它可能与现有银行不属于同一类别。例如，人们可能会将其与其他创新科技初创公司更紧密地联系在一起。他们用来理解公司的参考框架影响了他们对它的感知。这意味着创新不是就生来平等的，而是在特定的环境中被赋予生命，它可能是有利的或是有害的。一家大型银行提供的新的数字化金融服务可能看起来就像一家初创企业一样增加了价值，但它可能与真正的初创企业的竞争产品不同。

在感知阶段，起点和目的地一样重要。这对于那些想要建立信用的公司来说是重要的一课，尤其是当它们需要在新的风险投资和价值主张上建立信用的时候。定位不仅与您解决的问题有关，也与您想要为用户增加的价值有关。与什么有关决定了声誉和吸引力的强弱，也会深刻地影响人们与您的互动方式。

品牌资产

随着时间的推移，公司会在客户和公众那里逐渐获得认可的“信用”，这种“信用”可以用品牌资产（即品牌固有的价值）的概念来表达。没有信用，一个品牌就很难获得资产，因为品牌资产是顾客对您提供价值多少的直接反映。品牌资产以商业价值的形式表明了这种感知如何成为现实。

我们可以根据客户对公司价值的最初感知（见表 2）来预测他们评估公司的难易程度：

表 2　品牌资产和感知

相邻命题强品牌资产迭代企业	转型命题强品牌资产创新企业
相邻命题弱品牌资产幸存企业	转型命题弱品牌资产初创企业

首先，我们区分品牌资产强弱的公司。其次，我们研究

公司业务的本质——它是与当今的运营方式相邻（即接近），还是面临转型？对于品牌资产较弱或更具变革性的公司，人们将很难加以评估。

一个品牌，就像一个行业的运作方式一样，是一种公认的惯例。一旦品牌在社会上建立起来，就不会受到太多质疑。因此，初创企业，尤其是那些更具创新性的企业，必须尽早投资建立强大的品牌形象，这样才能给顾客留下良好的印象。

信用建立在感知阶段的最终结果就是一系列的决定。以其最简单的形式来说，就是一个判断，即公司是否值得信任，是否值得与之打交道。就其本身而言，这并不意味着会发生任何互动。它仅仅意味着双方对合作主要持一种开放态度。一旦建立了积极的感知基础，一切就可以开始了。

阶段 2：诱惑

在准备建立信用的过程中，感知可能是强大的，但它本身并不一定具有行动的号召力。接下来是一个更积极主动的阶段，在这一阶段以正确的方式吸引客户至关重要。社会心理学家罗伯特·B. 西奥迪尼（Robert B. Cialdini）在他的畅销书《先发影响力》（*Pre－Suasion：A Revolutionary Way to Influence and persuasion*）中强调了在说服别人之前先“做好铺垫”的重要性。这通常以一种诱人的“邀请”的形式出现——我们做出邀请的手势是为了获得信任。

在诱惑这一阶段中，意图可以通过一个有吸引力的触发变成行动。它可以是一张折扣券、一项免费退货政策、名人的一句代言或朋友的一次推荐。重要的是，尝试产品或服务一定比什么都不做更具吸引力。每个人或多或少都是惯性生物，而我们必须克服某种惯性。惯性让大脑简化我们的日常生活，但它们也可能阻止我们尝试使生活变得更美好的新事物。每当我们想要尝试新事物或进行改变时，惯性往往会破坏我们的努力，尤其是在商业模式中。“弄清楚”一种新型任务、活动或行为的障碍在于，我们可能不知道如何去做，也不知道结果会怎么样。除非有强大的动力促使我们去尝试，否则我们很可能会放弃或者推迟行动。

在一项具有启发性的研究中，研究人员发现在 401（k）储蓄计划中，当受试者提前登记时，他们的参与率要高得多，这种现象被称为“现状偏差”。这种偏见会影响很多重要的决定，也会影响一些很普通的决定，比如上下班时应该走哪条路。这一结果解释了为什么愿望清单上的事情很少发生，以及为什么无论是在工作、人际关系还是生活方式中，我们都能舒服地待在让我们不满的环境中。每当我们处理新事物时，这个障碍就会阻碍我们前进。

新事物的诱惑

我们都知道在惯性阻碍我们前进的同时，人类却又往往因为天生好奇，乐于接受新的体验。这就产生了两种自然对立的力量：新奇的诱惑与现状的舒适。哪一种力量更强大，主要取决于我们对每一种力量的重视程度和信任程度。

如果新产品和服务解决了一个重要的需求或痛点，那么它们的成功就不足为奇了。未满足的需求越强，就越容易说服人们尝试另一种解决方案，来解决市场上已经存在的问题。

但这无法完全解释为什么其中一些新事物能使我们疯狂，而另一些却悄无声息地失败了。

正如尼尔·埃亚尔（Nir Eyal）在他的著作《上瘾》（*Hooked*）中所阐释的那样，世界上最成功的科技公司利用一系列行动来吸引、接触和留住用户。尼尔·埃亚尔列举了大量实例：从色拉布（Snapchat）到照片墙（Instagram），从Tinder（手机交友软件）到《糖果传奇》（*Candy Crush Saga*）手游［如果《精灵宝可梦 Go》（*Pokémon Go*）在他写作时已经上市了的话，他肯定会提到它］，并解释了它们将用户吸引到产品中所使用的极其成功的策略。“钩状”循环有四个重复的阶段——触发、行动、可变回报和投资。

信用模式采用了类似的方法，将信用建立和习惯形成都设想为是连续、重复的过程。诱惑阶段与 Eyal 模型中的“触发”阶段大致重合。它讲述了需要做些什么来克服惯性，并促使人们参与进来。这里的关键是找到合适的诱饵，以激励用户体验新产品或服务。这为用户提供了一个接触新产品或服务的机会，让他们在体验中形成新的习惯。

信用是建立用户与公司“挂钩”关系的重要调节因素。建立信用的艺术和形成习惯的艺术是不同的，但其相关的追求都需要彼此的元素来达到最终目标。也就是说，作为本书更广泛观点的一部分，即使没有习惯，信用也能推动价值产生。例如，笔者不需要持续与用户接触去出售一件珠宝、一间公寓或一份人寿保险单。一旦它被出售，买家就没有必要习惯性地与笔者互动了。有人可能会说，参与度最高的用户对商家来说是最有利可图的，但与想将普通用户转换为付费用户的免费增值软件不同，用户购买奢侈品、房地产或金融产品之后会自然而然地使用它们（通常会以一个合理的价格成交）。

因此，虽然形成习惯对于许多数字化产品来说是绝对必要的，但在很多情况下，重复参与绝对是驱动价值的一个因素，而信用是一个更基本的要求。虽然企业有可能在没有形成习惯的情况下一次性把产品出售给客户，但在缺乏信用的情况下，出售任何东西都是非常困难的。

阶段3：联系

在给用户抛出了一个诱饵之后，我们如何进入信用模式的下一个阶段——联系呢？这里的关键要素是同理心。

设身处地为他人着想是人的本质特征，也是与他人形成良好关系的典型特征。在商业意义上，它允许我们设计更好的价值主张，从而生产出更多以用户为中心的产品和服务。在服务经济领域，同理心有别于良好的客户互动。同理心通常是获得对市场和用户需求的深度理解的捷径，并将转化为市场上替代产品的优势。

如今，我们面临着各种各样的消费选择，只有那些真正理解用户需求而投资的公司才能从纷繁复杂的市场中脱颖而出。这里需要再次提及《精灵宝可梦Go》这个出色的案例。该款游戏可以帮助我们理解玩家的参与程度和商业成功率为何在很大程度上取决于我们对客户需求理解深度的能力。

虽然每个人都有着根深蒂固的同理心，但我们却很少用上它。相反，现代社会是建立在法律和规范的基础上的，这些法律和规范支持着多数人得以和平共处。这使得人类得以建立被著名作家德斯蒙德·莫里斯（Desmond Morris）称为的“超级部落”（由法律规范管理的大型城市部落）。但是，作为一种副作用，人类已经越来越缺少同理心。社会不再遵循一种部落结构，尽管在这种结构中，同理心仍是社区中某些人生活的自然组成部分，并根深蒂固地深植于我们的传统中。

不过，随着数字化革命在全球范围内如火如荼地展开，人们可能会重新回到具有同理心的状态。在全球层面上，如果对另一方的真实同理心占了上风，就很难在国家或群体间的冲突中保持公正的动机。如今的超连通性几乎让任何人都能与他人建立个人联系，无论他们是否住在同一街区还是同一半球。这催发了人们对与世界各地的人建立个人联系的需求的复苏。以《人在纽约》（*Humans of New York*）等社交媒体举措为例，数字化技术越来越多地被用来建立前所未有的人际关系。

不管您是否相信，网络连接和社交媒体都让我们或多或少变得社会化了。今天的世界从超级便捷、即时和免费的全球通信（包括聊天、语音、视频，以及越来越多的虚拟和超现实世界）中获益良多。只要理智地利用它们，所有这些技术都将使我们建立更深层的联系。

通过互惠进行有效的接触

对企业来说，最重要的收获是理解吸引用户和骚扰用户之间的区别。以一种人性化的方式与客户建立联系可以带来很大的好处，而不请自来的推销信息则往往会让客户敬而远之。

在与客户进行对话时，信用模式的诱惑阶段可以提供有益的指导。在建立有意义的联系之前，必须让客户有参与的动力。有多种方式能够触发这种动力，如为首次光顾的客户提供优惠或者促销折扣等。虽然其中大多数都是为了短期目标，却在客户和公司之间建立了一种交易关系。行为分析公司 Kissmetrics 甚至不鼓励企业以使用优惠券的方式来刺激销售。与此相比，推荐模式是获取新客户的一种非常有效和普遍的方法。一项研究发现，被推荐的客户在短期和长期内更有价值，也更有可能再次光临。

推荐计划的美妙之处在于它遵循了互惠原则。发展公司和客户之间的互惠关系是一种非常有效的参与策略，这始于一种慷慨的姿态和建立真诚关系的意图。事实上，正如世界上一些最好的客户体验所证明的那样，与客户建立一种共生互利的关系比向人们提供利益更有效。作为人类，我们倾向于渴望公平、被平等地对待并被重视的稳定关系。

在没有互惠互利关系的情况下，自然利己主义会战胜利他主义。电子商务公司推动交易量增长的主要策略是补贴销售，这常常展现出人们购买行为中不好的一面。购物者访问该网站进行补贴购买，然后通常只会在下一个有代金券或优惠券活动时（如果有的话）才会重访网站。

我们在整个人类历史上都能看到同样的问题，它在如今的社会中同样普遍。交易的一方提供了很多，但得到的回报却很少。而另一方获得了大量的价值，却几乎没有付出任何东西。因此我们需要重新思考如何创造一种在买卖双方之间最平等、互惠的方式来做生意。

类似的误解也存在于重复接触中。众所周知，品牌应该每次都提供同样的体验，但事实并不完全如此。人类尤其喜欢熟悉环境中的多样性。我们忠于一个品牌是因为我们追求某种标准，而不是我们喜欢单调。基于此，像爱彼迎之类的平台才能拥有活跃的用户群；奈斯派索每季都会推出全新的产品，这既能创造出多样化的产品，又能达到预期的效果；绝对伏特加（Absolut Vodka，瑞典的伏特加品牌）在其部分酒瓶上随机配了一个设计图案，因此每一瓶都是独一无二的。以上都是家喻户晓的品牌。一致性的确很好，但它只是一个心理因素，更重要的是该公司吸引顾客的能力。

几年前，笔者在一家初创咖啡公司工作，这家公司专门经营移动意式咖啡吧，这让笔者认识到了这一原则的实际应用效果。我们的目标对象主要是在校园里喝咖啡的学生。根据大多数人的说法，他们对品尝特色咖啡既没有质量意识，也没有兴趣。如果价格高于现有的标准咖啡，则您可以说我们并没有真正有效地满足顾客的需求。不过，学生们确实尝试了我们的咖啡，而且不断地回购。价格稍微高一点并不重要，因为我们让客户发现了饮用咖啡的新方式。尝试咖啡的门槛很低，足以让人们试一试。而一旦他们尝试了，大多数人都会被吸引住。我们并不比现有的竞争对手更专业，我们的咖啡味道也不是最一致的。相反，我们是一群在校园里提供优质咖啡的年轻人。我们这方面的即兴创作和产品上的巨大差异并没有让我们的顾客减少，而是让我们在顾客眼中更讨人喜欢，更值得支持。

对于许多 **P2P** 业务来说，情况也完全一样。在这种业务中，提供产品和服务的人与消费产品和服务的人之间的区别被一种生态系统做法取代。在这种方法中，客户与产品和服务的创造者的角色会根据大众的需要而改变。这就指出了主流体验设计理论的一个重大缺陷：以一种放之四海而皆准、标准化和可重复的方式“规定”客户体验过程是行不通的。品牌优先考虑产品的一致性，而不是实际的、经验驱动的增值，这不但不符合客户的期望，并且从长远来看一定会失败。特殊体验的一个基本要素是参与：人们通过实践来体验。因为我们喜欢做出选择，分享我们的观点，以及与周围的世界互动。

不久前，笔者参与设计了一家关于健康和保健的初创公司的用户体验。该公司开发了一项订阅服务，让用户可以访问数十家精品健身房、瑜伽工作室等。它以高度简化、个性化和视觉化的界面，与人们的基本需求进行了交流，让人们能够以实惠的方式追求自己的健身习惯，并将其融入日常生活中。界面从一开始就设计得非常直观，其通过舒缓的图像指导用户并鼓励用户按照自己的节奏进行探索，找到他们喜欢的锻炼方式。该模式不是根据静态的客户经历和习惯，而是根据同理心和用户授权来设计的。

最好的品牌体验注重建立与客户个性的、相互的关系，从而达到相互影响和相互参与的目的。在丽思卡尔顿（Ritz - Carlton）酒店，每位员工都可以得到高达 2000 美元的补贴，以补偿客户的投诉。这一举措使员工能够对客人的需求做出真诚的承诺。

互惠可以发生在几个主要层面上。笔者把它们定义为交易层面（感觉您进行的是一场公平的交易）、个性层面（感觉您和品牌有共同点）、互动层面（让顾客在主动服务、决策和行动点之间取得平衡）和同伴层面（感觉其他顾客也享受这种体验）。

作为人类的核心衡量标准，我们在商业和生活中所获得的互惠程度会影响到我们。人类互动越多，我们就越能扩大产品的市场份额。人类寻求高度合作的天性促使我们寻求人和品牌的互惠互利关系。

为了与客户建立这样的关系，我们需要一种灵活的方法让参与体验的客户有选择的自由，并能控制体验的过程，以实现真正的人性化。在大众都参与的商业模式中，一方面福利更加公平，另一方面会更加可持续。这就产生了“利成于益”和“正能量”公司的原则。

绝望的措施

企业也会有方向错误的时候。当它们的产品与其他产品基本上没有区别时，面对激进或不现实的增长目标，企业只能放弃目标或以不可持续的福利吸引客户，就损害了它们的品牌价值和获取长期利润的潜力。同样，其他公司也会发现自己为了保住业务而在进行激烈的市场竞争。

彼得·蒂尔（Peter Thiel）提到了一个非常典型的航空公司的案例。大多数航空公司主要在价格上展开竞争，很少有公司能超越这些选择来吸引客户。而新加坡航空采取的方式略有不同，其在品牌价值、服务和体验方面展开竞争。这家公司以其成本领先和优质服务的双重经营而闻名。可以肯定的是，它们绝对是航空业的异类，在如何避免去完成业绩或销售目标时，将公司“贱卖”给顾客，从而得到短期效益这一问题上，新加坡航空公司的做法非常值得研究。在赢得客户、以高价位低成本提供高端价值主张方面，新加坡航空公司在这一领域独树一帜。

保险业与许多表现不佳的航空公司面临同样的问题。与航空公司不同的是，保险公司（尤其是人寿保险行业的保险公司）与客户的接触越来越少，也越来越不愉快。更糟糕的是，它们的价格点是可以调控的。它们唯一或偶尔用来避免产品完全商品化的武器是其产品的复杂性，从而影响客户的体验，并导致运营活动超过实际需要的规模，但是缺乏其他行业的领导者几十年来磨炼出来的卓越服务。随着公众对保险产品越来越了解，保险公司及其广泛的代理商主导的分销渠道正面临越来越大的压力。数字化比较平台正在侵蚀产品复杂性对客户辨别产品的能力的影响，使得保险公司只能在声誉、产品的花哨和价格方面进行竞争。老牌企业面临的最大问题之一就是兑现承诺。许多保险客户在对保单提出索赔时意识到了这一点，结果却发现他们的特殊情况并没有被包括在内。

保险的真实情况也发生在许多其他行业。商品化创造了这样一种局面：客户认为您是可替代的。大多数公司对此的反应是伪装成与众不同。典型的例子是“VIP”标签、各种特权，或者带有后门条款和陷阱的优惠条件。公司和客户之间的隔阂通常是由次优体验和缺乏同理心造成的。这种情况发生得越多，就会有越多的消费者开始对他们购买的东西产生戒心。

想象一下，您正在准备去实现自己的跳伞梦想。您已经确定了一个供应商，预订了旅程，并且急切地期待着把这个项目从愿望清单上划掉。一切都按计划进行，您甚至和您的双人跳伞教练相处得很好。事实上，直至跳伞前一刻你们都还在飞机上聊天。很明显你们相处得很融洽，所以他向您抱怨了一下他的老板。例如，该公司是如何尝试不同的降落点，以尽量减少运营费用；他的老板是如何吝啬和痴迷于削减成本；降落伞应该如何加以维护；他的一位同事跳伞运动员是如何为了炫耀而去尝试不寻常的着陆方式而导致一位顾客被困在树上的。听到这个消息，大多数人会立刻失去信任，并且对自己的决定感到紧张。一个好的教练当然会完全避免这样的谈话。

这个场景一方面说明了信用与能否在信用主张建立阶段获得某种感知之间是密不可分的。另一方面在缺乏实质事实或不作为的情况下建立信用可能会很有效，但会引发许多伦理问题。在德国，我们喜欢说："不知便无忧。"在数字化通信时代到来之前就存在的公司，可能已经能够以比当今时代更多的方式逃脱惩罚。尽管企业在当今高度开放和公开的世界中运营，但在许多情况下企业仍会向公众隐瞒某些不光彩的事实。然而，一旦缺失了这些信用，最糟糕的情况就会发生——使相关公司的价值大幅缩水。

信用违约

有两个主要因素决定了信用违约对我们的影响：（1）信用违约对我们造成了多大程度的损害，即我们的情感投入程度和对它的同情程度；（2）我们所了解到的信用违约的历史。

这些分别对应于信用模式阶段 1 中的声誉和阶段 6 中的归属。声誉在阶段 1 中是一项长期的努力，过去许多公司的信用违约损害了其长期的声誉。阶段 6 中的归属取决于我们对消费产品的认同程度。那些我们有较高情感投入或有意义的产品更有可能属于这一类。与我们所处的其他经济和社会互动相比，我们所交往与关心的产品和人会更深刻地影响我们。

就个人而言，我们可能更倾向于支持一种相对便宜但对自身来说有意义的产品或服务（如高端蓝牙移动音箱），而不是一种对我们的生活方式无关紧要但价格昂贵的产品（如家里安装的空调）。

我们的联系程度影响并塑造了我们在公司和人群中的角色和信用程度。当我们开始将信用视为价值的催化剂时，这一点尤为明显。在高度信用的关系中，当信用受到损害时，价值就会被破坏。众所周知，上市公司和大品牌都害怕发生任何可能损害其声誉的事情，因为很多信用（和价值）都岌岌可危。初创公司等规模较小、知名度较低的公司不会受到这种下行风险的阻碍，这意味着这些公司可以不必过于担心自己的行为可能会影响自己的声誉。

信用违约的不同影响可以根据公司声誉和客户在产品或服务类别中的参与度来评估。将这些放置到表 3 中，我们可以得到四种客户响应原型：

表 3　声誉、参与和客户反应

良好声誉高参与失望	良好声誉低参与惊喜
不良声誉高参与挫折	不良声誉低参与冷漠

信用违约需要根据其发生的原型来进行管理。现有的声誉越强，就越容易吸引客户关注任何事件。客户对价值主张的情感投入越多，恢复客户关系和信用就越困难（但也更有

影响力）。

客户和公司之间的联系程度体现了商业关系的稳定性程度。在信用模式的联系这一阶段中，良好的客户关系的价值最大化发挥了重要作用。这有助于稳定与公司的关系，但也会影响未来的互动。

掌握正确的客户联系程度是至关重要的。联系过多会增加成本并减少灵活性，联系过少会疏远客户并降低客户的生命周期价值。此外，它还会限制价值主张的演变。这在某个时候可能会变得危险，因为在当今这个时代，大多数行业都在迅速适应新的运营方式。那些仍然依照现状建立强大但僵化的客户关系并固守现有运营方式的公司，可能会发现这是一个挑战。在它们拥有客户信用的领域，它们几乎没有改变的动力，这就是在它们成为成熟的组织、从塑造到维护现状的过程中，创新这一神奇循环不断重复的原因。

这种长期的关系最初是如何形成的呢？要建立任何信用关系，信用主张（过程 1）需要与信用接受（过程 2）一致。为了实现这一点，信用关系的双方需要在一定程度上确定它们对对方可信度的最初假设是有根据的。这种情况发生在验证阶段，其中包括一个关键的过程，即随着信用建立的成熟以及相关各方寻求建立相互信任的“基线”来相互交易，信用建立过程的基础将更加稳定。

阶段 4：验证

这就把我们带到了信用模式的阶段 4：验证。验证在我们参与的任何商业的、官方的或其他方式的交易中都起着至关重要作用。只要需要遵守合同或法律框架，验证就非常重要。信用建立是一种社会契约，就像任何其他契约一样，它需要某种形式的验证才能实现。

验证有很多种类型，其中大多数都是日常生活的一部分。如每次在使用公共交通工具、通过护照检查、用信用卡付款、签署一份工作或完成一场考试时，其实您已成功地通过了一轮又一轮的验证，达到了自己想要达到的目标。

大多数形式的验证都让我们觉得有点烦人，有些还会让我们不寒而栗——无论是著名的员工背景调查，还是工作签证申请。某些验证活动对我们的威胁比其他活动要小的原因很可能是它们的透明度不同。当我们确切地知道被检查的是什么，以及可能的结果时，我们就不太可能被验证本身的行为困扰。这就引出了一个有趣的悖论：尽管一定的验证对于建立信用至关重要，但过多的验证可能会侵蚀信用。信用作为一种社会契约依赖于相互的承诺。为了建立信用关系，双方需要相互信任。这意味着个人或公司通过要求不合理的验证行为来验证其交易对象有可能会削弱这种信用关系，因为这种需求总是出于某种程度（健康或不健康）的怀疑。

然而，需要验证并不等于不信任。相反，它相当于把假设变成事实的意图。当笔者通过一个公共交通门架时，默认的假设是笔者的票是有效的。然而，为了确定这个事实，机器读取它是绝对必要的。这同样适用于大多数合理的验证形式。从本质上说，考试也应该属于这一类，因为考试只不过是对考试者已经掌握的知识的正式回忆。

奇怪的是，这种崇高的意图在某种程度上被它所呈现的方式改变了。例如，如果我们可以放心地假设大多数人都拥有一张有效的票，为什么公共交通的门架会默认关闭呢？为什么我们不能默认每一个大学生都通过了他们的课程，而仅仅是在他们考试不及格的情况下否定这种判断呢？

无论我们在什么情况下默认为一个人不值得信任，我们都倾向于让简单的验证行为变得烦琐而乏味。相反，当我们将这种怀疑带来的结果扩展到其他人身上时，我们的探试验证可能不再有效。企业丑闻的悲剧性案例以及膨胀的初创企业的突然倒闭都表明过度信任的危险在于多数人善意的盲目信任。

无论情况如何，建立信用的能力都可能是世界上最强大的战略。没有信用，即便有才华也没有讨价还价的能力，但奇怪的是，当信用过于强大时，也会变得非常无能。从这个意义上说，过多的信用对价值创造的损害不亚于过少的信用，因此必须保持微妙的平衡。这使得建立和维持信用的行为既是一门艺术，也是一门科学。因为这本书的目的是帮助企业建立信用，所以我们不再详细探讨建立过多信用的伦理因素。相反，更值得关注的是怀疑和缺乏信用会给企业带来什么样的问题，以及如何克服这些问题。

正如前面所讨论的，合同和法律行业通常是缺乏信用的经济表现，而参与谈判协议的官僚机构耗费了大量的金钱和时间——尽管我们并不能否认它们的确有某种用途。法律实践往往是老派的，而且往往不够精干和灵活，不足以适应新经济发展的速度。

如果这种情况在不久的将来能够改变呢？新加坡法律/金融科技初创公司 Legalese 的项目已经在探索如何将模拟和费力的法律交易变成一种编程语言，即通过执行逻辑消除法律交易中固有的模糊性。在理想的情况下，这将允许软件合同模拟虚拟公证人，并在技术上排除出现任何模拟法律纠纷的可能，毕竟所有的决策都是基于事实，并且是已知的事实。当然，大多数法律案件要复杂得多，不过我们应该期待智能合约会随着时间的推移而不断改进。虽然我们还远未看到法律行业从地球上消失，但令人欣慰的是，技术正开始有效地将我们今天所依赖的一些重复操作数字化，并提供支撑。

验证并不一定总能揭示真相。相反，这仅仅是为了让评估各方对自己的假设更放心。这种需求很容易在联系阶段中看到，就像双方讲同样的语言会让人感到舒适和自在。在这个阶段我们可以假设信用的意图已经确定，这意味着我们希望建立的信用关系符合每个人的利益。对于双方来说这样的情况越真实，验证过程的麻烦就越少。如果已经建立了牢固的联系，则验证可能只是一种纯粹的形式。

虽然验证方法在范围和意图上各不相同，但它们都是将信用建立探索转变为关系的重要阶段，这种关系也是相关个体或公司之间最初和未来交易的基础。

阶段 5：依恋

接下来到了依恋阶段，其特征是重复和习惯性的参与，也可从这种特征中获得价值。大众对公司或品牌的重复参与和忠诚是非常重要的，因为这有助于简化我们的日常决策，并将我们的注意力集中在更紧急的事情上。我们对某种行为重复的次数越多，我们的决定就越少遵循理性的计划，也就越成为习惯。这意味着我们的行为越来越多地由强化而非有意识地深思熟虑所引起的。

想象一下，我们每天都会下意识地决定去哪家超市购物，买什么洗衣粉，乘坐什么交通工具去上班。幸运的是，我们有一种自动化行为的趋势，其结果可能是好事也可能是坏事。当我们学习并形成习惯时，我们的神经活动就会发生变化。这些变化就像我们形成的习惯一样有好有坏。例如，研究发现“问题赌徒”（注：专业术语）对输、赢和接近赢的反应与正常受试者不同，而且表现出不同的神经化学反应。问题赌徒对自己获胜的概率充满极大的信心，这种信心会影响他们的大脑。

我们所做的决定以及我们所信任的人和事对我们的行为和决定产生的影响可能会比我们所能意识到的更大。事实上，我们形成的许多习惯都不易察觉，以至于连我们自己都忽略了它们的影响力，但如果我们不认真反思自己是如何构建它们的，它们也会对我们造成很大的伤害。

从信用的角度来看，在默认情况下信任人、公司或想法的能力是成功建立信用努力的自然结果。在信用经济模式中，依恋（阶段5）在验证（阶段4）之后，在联盟关系（阶段6）之前，这意味着一旦验证确认了信用建立序列中的关键假设，就会产生新的现状。这通常会导致某种有形的价值创造形式的出现，而价值收获阶段则决定了奖励的规模和大小。最初的结果可能是友谊、销售或风险投资，但在建立信用的互动中成功验证的长期价值远远不止这些。在此基础上，我们可以建立更长远的经济和社会互动。

虽然信用建立成功时，忠诚是一种可能的结果，但它不一定总是会表现出来。双方之间建立的信用将影响未来的决策，但认为建立信用是一次性的努力的想法是愚蠢的。互动可能是一次性的，因为特定的需求可能只出现在单个场合，但随之而来的除非是更好的东西，不然建立的信用不会持久。在快速、无痛的信用建立过程中，很有可能会使产品畅销。如果可能的结果是一次性交易，就没有必要在互动上超支，也没有必要在信用建立上投入过多的精力。

如果双方在彼此关系（以及信用建立）上投入了更多时间，就会自然而然地倾向于在此基础上建立长期关系。此外，在商业关系发展缓慢的情况下，建立深厚的关系也是非常重要的。例如，一个在与客户的首次合作时表现良好的服务提供商有望被考虑开展后续业务，并可能会带来更大的交易。

然而，这并非一定的结果。即使是在初次合作良好的情况下，客户和公司之间的信用关系也未必牢固。俗话说得好，“信用可能需要数年时间才能建立，但也可能在几秒钟内消失”。当然，任何事情都不是绝对的（否则您会完全不看这本书），但在这个过程中失去信用的风险却是真实存在的。

失去信用肯定会扼杀价值观念。例如，当您发现最好的朋友喜欢偷东西时，即使客观上您没有失去任何有价值的东西，您和他的关系也会遭到严重破坏。一个主要经济体投票退出欧盟，造成数万亿欧元的“账面价值”缩水，并导致该国货币大幅贬值，这是信用事件对经济影响的一个最新例子。正如我们在全球金融危机和其他危机中看到的那样，其后果是深远的。由于现代经济的紧密依存关系，世界上任何一个地区的信用危机都会波及其他地区，就像您朋友的盗窃行为（很可能会在您的社交圈中迅速传播）。因为信用违约会影响到经济关系，从而进一步影响地区和全球经济发展。

因此，依恋关系对于稳定任何信用关系并确保其在当前和未来的可行性至关重要。信用建立得越牢固，它就越成功。擅长交际的人可以在几分钟内与陌生人建立起深厚而持久的联系。具有巨大价值的初创公司几乎能在短时间内从现有竞争对手那里吸引到长期客户。建立依恋关系不一定要花很多时间，它所需要的是以一种勤奋的方式来维持这种关系，加深信任，并将其作为默认状态维持下去。

阶段 6：联盟

快速建立信用的公司能够超越其他公司，这对于初创公司来说尤其如此。那些在早期客户中迅速建立起强大信用的公司，从一开始就把这些客户变成了它们的拥护者。它们通过最强大的口碑营销宣传渠道极大地加速了市场对新产品和新服务的接纳。客户对特定产品或服务的宣传越多，公司就越容易获得客户，成本也越低。

高度受信任的个人和公司主要依靠主动推荐来扩大他们的客户群，而不那么受信任的个人和公司则别无选择，只能通过传统的市场营销来提高顾客的关注意识和提供激励机制。例如，苹果公司不会因为顾客说服朋友购买 iPhone 而给他们金钱上的奖励。相反，它在产品中内置了一些功能，有利于您圈子里的其他人拥有 iPhone 而不是其他品牌。公众对其产品的可取性和独特性的信任程度之高，足以排除其他同等或更好的选择。

我们如果看过苹果的广告，就会发现几乎没有一种强烈的“呼唤行动”敦促它的受众去购买。一方面，生产人们想要（并且拒绝妥协）的产品的公司很少会进行硬性推销。另一方面，生产那些不被认为是原创或有价值产品的公司则必须花费所有的时间和精力来吸引顾客与之互动和购买。这种做法很难建立起任何有价值的客户关系，因为这种互动过于交易化并且短暂，很难在此过程中建立坚实的信用关系。大型电子商务网站常常陷入这种困境，客户往往只在有非常具体的需求时才会回来，而且在默认情况下几乎都期望能获得某种形式的折扣。

与亚马逊这样的公司相比，您可能会奇怪为什么亚马逊的顾客在没有反复打折的情况下还会继续光顾？直接的答案是，亚马逊重视与客户建立信用关系的价值。它的平台是一个值得信赖的中介，客户可以在网上购买他们需要的东西，因为他们知道这些东西的来源非常值得信赖。通过这种方式，亚马逊将信用作为一种主要的商业催化剂，使得该公司能够利用非传统的方式，如其价格的可比性来增加客户价值。如果亚马逊不是最便宜的产品供应商，它会告诉客户去另一家网站购买。这就建立了大量的信用，并显示了亚马逊总是为客户着想。如果价格差异很小，亚马逊的客户可能仍然会从亚马逊购买产品。熟悉、使用方便以及不用担心个人数据被其他电子商务网站共享，可以让客户免受为多省几块钱而到处购物。

在这里，我们可以看到在价格敏感度和客户保留度方面，建立信用在客户体验中具有直接的商业价值。双方之间的信用度越高，关系就越牢固。有了信用，支持的可能性也会增加。我们喜欢谈论我们喜欢并与之交往的产品、服务、人员和公司。在产品的支持方面，充分的信任是不可动摇的基础。

从这个意义上说，支持度是信用的良好标志。它让我们把自己的信念和价值观附加到另一个人、公司或想法上。和任何一种形式的联系一样，这当然也有风险。我们通常都想确保我们与正确的人和事交往。例如，一家公司与激进政党的联盟可能很快会导致不可挽回的声誉损失。如果您高度赞扬某件事或某人，相信他们所做的和所说的很重要，因此传播了这些，但请不要把它与自夸的权利混淆，自夸的目的是让别人尊重您或嫉妒您。倡导有利他主义的动机，即我们推荐一些东西是因为我们真诚地相信它会丰富别人的生活。

因此，那些拥有大胆愿景并将其付诸实施、具有可信度的公司拥有非常高的支持度。作为人类，我们喜欢去探究事情的原因或目的，特别是当它与我们息息相关时。大多数时候，原因或目的都是通过一个由标志性品牌创造的体验和“文化”来实现的，这种体验和“文化”与品牌选择在顾客心目中“占有”的空间有关。在看来，谷歌有伟大的免费通用软件，苹果有前卫的设计，梅赛德斯 - 奔驰（Mercedes - Benz）拥有老派的豪华，凯悦（Hyatt）有精致、可靠和高端的酒店。在新加坡，即使是小一些的初创公司，如 Grain（一个极简、颗粒化 RPC 框架）或瓜瓦帕斯（GuavaPass）（具有世界性、健康意识的雅皮士社区）都有着强大的关联性，并增强了公司的影响力。

人类文明的一项重要能力是文化的交流或思考和行事的方式。这些文化将我们团结在特定的仪式、习俗、信仰和消费模式周围。世界是通过我们做出的决策而发展的，而人类支持彼此行事的方式又影响了我们所做的决策。

这与信任为何是重要的宏观视角有关。它能够创造经济价值，就像它能够创造人类社会一样。想象一下，您每天都在烦恼那些同您一起工作、生活和走在人行道上的人是否值得信赖，担忧他们会不会伤害您。在这种情况下，想要找到内心的平静和提高生活质量肯定很难。

支持建立信任就像生存之于自然：一种自然的持续力量，没有它，任何事物都无法评判。事实上，罗伯特·B. 西奥迪尼（Robert B. Cialdini）在自己著名的影响力六大原则的基础上，又在他的新书中增加了围绕着更大的人类利益的第七项原则，他称之为“团结”。那些值得我们支持并正在追求伟大事业的公司和个人，几乎无一例外地遵循着这些原则。

第三部分

信用优势

THE
TRUST
ECONOMY

第六章　从信任到信用——重塑可信中介机构

将信用作为价值创造的最重要条件是具有普遍的适用性。从功能的角度来看，它在需要重新建立可信中介的情况下最为重要。它在银行业、保险业和一般金融机构中具有特殊意义。当今的客户寻求值得信赖的数字化服务，并将会选择最适合他们的技术中介。

信用在新加坡和笔者亲身经历过的地区比在世界其他地区发挥着更为重要的作用。新加坡和周边亚洲国家具有巨大的创新潜力，因为这里的许多地方甚至缺乏基本的银行基础设备，所以金融科技在金融服务普及率较低的地区具有优势。数十亿没有银行账户的人正在等待进入金融体系。因此，对于金融科技来说，因为有太多的空白需要填补，所以创造有效的垄断就相对容易些。

在金融领域，与快速移动的消费品或奢侈品不同，几乎没有什么情感上的选择。如果您在卖手提包或巧克力奶昔，有些人可能会不喜欢您的产品。但如果您销售的是容易支付得起的跨境汇款，那么您唯一需要克服的主要障碍就是信用。这为初创企业成为首选的金融合作伙伴打开了大门——为新一代的金融服务客户提供可信的金融咨询和服务。本书将帮助企业家和内部创业者与关键利益相关者（如客户和投资者）建立信用，使更多的转型理念能够在金融服务领域获得成功并扩大规模。

正如精益创业使全球的企业家都能够更有效地建立企业一样；正如设计思维让每个人都能接触到以用户为中心的设计一样；“信用经济”方法旨在促进创业公司和现有企业在数字化时代建立信用。在笔者看来，好的方法论的与众不同之处在于它集中了一些基本原则，这些原则与位置、环境、行业或组织无关，本书提出的信用模式就是这样设计的。

在当今这个错综复杂、以数字化技术为动力、永远在线的世界背景下，信用经济的方法论揭开了信用建立的神秘面纱。它用一个简单而统一的视角，取代了我们对于信用建立模糊和分歧的概念，并以一种吸引现在和未来客户的方式，使世界各地的人们能够有效地在几乎任何事情上与任何人建立信用。无论您是想把自己的公司带入数字化领域，转变核心运营模式，还是将一个改变世界的想法推销给风险投资商，这本书都会向您展示一种获得信用的有效方式，希望您能使用它来创建新的、强大的、可信任的中介，重新构想价值创造的方式，进而改变业务方式。

信用经济模式与现有体制之间的显著差别主要体现在两个方面：

1. 它引入了一种全新的信用定义，帮助您理解信用在商业和日常生活中所扮演的角色，这是一种比以往任何时候都更切实的方式。

2. 它提出了一种系统化模式，可以在数字化时代更快、更有效地建立信用，并将重点放在创新和转型过程上，以及数字化给社会带来的显著变化等方面。

这本书的核心假设仍然是在缺乏信用的情况下，任何新形式的价值创造都是不可能的，而将信用程度最大化应该是所有优秀企业管理的最终目标。

交换价值的中介

近年来，许多成功的初创公司，从易集（Etsy）到 TransferWise（一家提供国际汇款转账服务的 P2P 平台）再到在线支付服务商 Stripe，都围绕着信用这一核心建立了价值数十亿美元的平台。当我们重塑我们的生活、工作和娱乐方式时，我们看到全球范围内的经济活动也发生了相应的变化。我们正在重新思考世界各地的主要行业是如何开展业务的，其核心是几乎被遗忘的信用概念。从这个意义上说，信用正在经历一次重大的回归。

如果您用一个概念来概括过去十年全球经济的变革力量，那一定是创造出无数新的可信赖的中介机构，正是这些机构使得个人和企业能够以新的、更好的方式相互交换价值。

例如，我们的购买方式正在从我们所熟悉的实体店转移到互联网上陌生的供应商。我们固定的朋友圈正在转变为一个与世界各地的人建立个人联系的社交网络。我们依靠陌生人来处理生活中的小事，如购物或修剪草坪；在选择合适的旅行住宿时，我们会参考从未见过的人的意见。我们正变得热衷于住在房东只给我们提供图片和文字的公寓，接受任何有车辆的人作为我们的出租车司机，甚至给分散在全球各地的陌生人提供贷款。我们正在支持在众筹平台上的创新者、购买那些业余爱好者和充满激情的专业小企业的创意作品。我们见证了一种以信用为动力、以技术为支持的关系复兴。

如今最有价值的公司专注于构建让用户能够填补价值链中空白的平台，而这个平台的性质意味着他们能够有效地在个人之间建立大规模的信用。正如汤姆·古德温（Tom Goodwin）在科技博客 Techcrunch 上所写的：

“世界上最大的出租车公司优步（Uber）没有任何车辆。作为世界上最受欢迎的媒体拥有者，脸书没有创建任何内容，最有价值的零售商阿里巴巴没有库存。而世界上最大的住宿短租平台爱彼迎没有房地产。您看，现在发生的事情是多么的有趣！”

在初创公司展示其建立新的可信中介机构的巨大经济优势之前，非营利组织已经证明了这一点。最典型的例子是维基百科（Wikipedia）和博客系统（Wordpress），尽管方式不同，但它们都将内容创建的任务交给用户。维基百科利用了大众的智慧，把每一个用户都看作信息的消费者和生产者，并相信他们有能力为他们拥有的知识领域做出贡献。作为一个分享知识的平台，它使用了丰富的资源（每个人的输入能力）和自我调节的社区控制机制来提供最新的和高质量的内容。博客也接受了开放源代码的概念，邀请用户免费获取他们需要的东西，并按照他们喜欢的方式使用。不足为奇的是，这激发了相当一部分用户之间的互惠行为，他们喜欢为自己认为有价值的产品的发展做出贡献。

这是基于信用的群体创造巨大经济价值的众多例子中的两个。无数类似的小规模群体存在于世界各地。他们可以是您参加的自由冥想团体，也可以是您邻居组织的狗狗聚会。他们与维基百科和博客等网站的共同之处在于，他们的唯一目的是为参与者创造共同价值。即使博客可以向网站所有者提供后台收费，或者您的朋友可以出售他的冥想课程的门票，但是他们没有选择这样做，这意味着一定有其他的价值创造在起作用，其中最常见的被称为“社会资本”。

社会资本的价值

将社会资本力量的这些表现与亚当·史密斯（Adam Smith）的标志性语录进行对比，“屠夫、酿酒师或面包师辛勤工作不是因为我们期待晚餐，而是出于他们自身的利益考虑”。除非从中得到某种形式的价值，不然人们怎么可能会把大量时间花在那些能给他人带来价值却没有给自己任何经济回报的东西上。如今，社会资本与任何形式的货币一样，都是价值交换的重要工具。

我们通过为个人或群体做一些有价值的事情来获取社会资本，如回答问题、介绍产品或邀请某人参加活动。长远的想法是“交换好处”，让每个人都从中获益。社会资本可能和人类一样古老。但得益于技术的力量，最近它已经扩展到虚拟传播媒体，使我们可以在任何地方与任何人联系。这使得那些从未见过面的人有可能建立互惠互利的关系，并通过跨越地域、职业和个人社交圈等方式互相帮助。

提供这些联系的可信中介为参与者创造了双赢的局面。尽管在金融意义上产生的相互价值创造并不总是可估量的，但这个系统之所以有效是因为人们对共同利益的信任。我们正在目睹社会向一个以相互信任关系为基础的数字化的、紧密相连的和有效自我调节的全球有机体转变。相互信任的中间人将人们聚集在一起，使他们能够收获并为彼此提供价值。数字化 **P2P** 业务的激增强有力地反映出，利用技术在个人之间建立信用的能力正在重塑我们的经济。

互联网的确能够很好地把人们联系在一起，但实际上这种联系仍然是建立在信用的基础上的。除非我们找到更有效的方法来利用技术建立信用，否则易得的数字化机遇纯粹存在于理论中。我们越多地参与到随之而来的令人兴奋的新机遇中，公开我们的原始数据，开放我们的家园，分享我们的个人物品等，就越有必要建立信用关系，这样我们才能在重塑世界的过程中受益。

分散化创新

了解创业公司在推动新经济秩序方面的贡献非常重要。今天的企业家善于在未知的情况下建立信用。在没有可预测的或可保证的结果时，他们仍然能够确定用户的需求，并为其事业筹集风险资本。对于有抱负的企业家来说，能够以较低的或没有个人财务风险的代价获得资源是非常难得的机会。正如自来水、超市和洗衣机是人类进步的显著标志一样，如今的风险投资也是如此。几乎每个人都无须将个人财务置于风险之中就可以为自己的创意获得资金，去探索未来的生活方式。这种特权是进步的主要动力。

我们现在看到的创新类型通常涉及分散化的概念。连接人们进行商品、服务和价值交换的平台不再需要集中存储资产、库存或个人拥有的现金。在此过程中，集中化或功能集中化会导致过剩和低效。以能源行业为例，我们的电网将许多家庭与少数几个集中的发电机组连接起来。这在很长一段时间内是合理的，因为对每个人来说，运营自己的化石燃料发电厂既昂贵又乏味。如今，技术使我们能够重新思考这个问题。太阳能和风能使任何人在任何地方都能以相对较少的投资实现简单、容易和可持续的发电。这意味着技术进步正在将成本优势从集中化系统转移到分散化系统。将此应用于任何类型的业务，无论是汽车租赁、海外汇款还是教育，您都会发现技术能够提供基本设施，并用分散的替代方案取代现有的集中体系。

我们今天所信赖的大多数分散化系统都是由可信平台提供支持的，并确保在任何相关方之间进行价值创造。有些是独立自主的，如沙发客（Couchsurfing）；有些依赖于可信用的技术，如比特币（Bitcoin）和以太坊（Ethereum）；其他一些则是专业版的，如猫途鹰（TripAdvisor）。它们都在人们之间建立起了互惠互利的关系，以实现某种形式的交易。

创新的去机构化是我们想象和创造未来方式的深刻变革。过去，创新一直是资源丰富的研发实验室的唯一专利，这些实验室依靠庞大的组织结构来支撑。如今，创新往往源于遍布全球的小规模创业团队。我们正迅速从强调保密和数据保护转向开放共享模式——硅谷就是基于开放共享和信用文化的集群的榜样。

我们不应该对此感到惊讶，因为信用文化已经确立了社会资本概念和成功创业之间的联系。社会资本是塑造创业生态系统和创业文化的驱动力。研究发现，建立在良好声誉、相关经验和与个人直接接触基础上的高层次社会资本，往往有助于企业家赢得风险投资家、潜在客户和其他人的青睐。合作经济行为会受到信用文化的有效刺激。

社会资本和信用之间的联系确实具有吸引力。信用和社会资本通常也会带来好的结果，但太多的信用和社会资本都会通过所谓的“群体思维”做出糟糕的经济决策。这意味着，并非所有信用程度高、社会资本强的情况都能带来卓越的价值创造。麦肯锡（McKinsey）对美国企业进行的一项研究发现，背景和观点的多样性是推动创新和实际价值创造（以收入、利润甚至息税前利润来衡量）的一个重要调节因素。

大小之争

在社会资本网络和创业生态系统领域，小而灵活的公司是当今的潮流。当大型老牌公司创建部门以开拓创新机会时，它们确实知道创造力和创新对业务绩效的潜在巨大影响。但在实现它们的愿景时，似乎很少有人考虑到在公司中培养创业精神、拥抱创新文化所面临的巨大挑战。寻找未知的机遇可能与专注于寻找已知机会的核心业务不相容，这可能会导致摩擦的产生。

许多亚洲现有企业仍在摸索创新的方向和途径。抛开那些充满诱惑力的行话，如时髦的开放式工作空间、色彩斑斓的报事贴和合作舱，配上一个励志的故事鼓励失败的人、正准备探索的人和有着极大野心的人——您会发现在这些创新的表面下依然是包含所谓专家团队的旧结构，他们与外界隔绝，将大量的时间花在向商业领袖解释他们到底在做什么上。

这并不是说这些举措都是徒劳的。一旦它们在公司内部获得认可，它们将在一定程度上为改进这些公司的核心产品做出贡献。然而，当涉及未来业务时，它们无疑是抵御转型创新的薄弱防线，而转型创新往往是从外部进入一个行业的。

这就提出了一个明显的悖论：为什么外部进入者比那些已经在市场运营几十年的公司更能够通过彻底改进的新产品或服务的方式建立信用和价值呢？因此，谁更可能会拥有客户的忠诚，或者至少是惰性忠诚呢？

为了解决这个问题，我们需要研究一下这种现象。如今，专业知识和数据很容易获得，而知识、见解和想法的分享正成为变革者的标准操作模式。这大大减少了许多现有公司的实际竞争优势，使其成为遗留价值和品牌资产。由于全球人口流动以及越来越多的社区建设、网络和分享活动，人才流动和思想一样自由。再加上全球即时面对面交流比以往任何时候都更加容易，而且几乎免费。这乍一看似乎有点奇怪，但从信用的角度来看却是有道理的。与某人面对面的交流给我们提供了比今天的技术更丰富的个人数据，这让我们有了更坚实的基础来建立信用。

在与随机的陌生人建立相互信任的联盟来分享想法和改变我们的生活方式这一背景下，出现了像硅谷这样的著名创新集群，并解释了为什么越来越多的可能性和基础设施促进了全球城市创业文化的发展。初创公司本质上就像大卫试图战胜歌利亚（Goliath），把创新的力量交到更多人手中。与任何分散的体系一样，相互信任是这一趋势不可分割的一部分。

通过目标设定建立信用

伟大的公司，尤其是科技初创公司，通过其创造当前价值、特别是未来价值方面无与伦比的有效性使自己与众不同。只有在具有高度信用的文化中，为公司工作的每个人才有可能自动为共同的事业做出贡献。这种文化的特点是高度的个人自由和全公司的高度一致性——堪称世界上最优秀的文化。

瑞典流媒体音乐服务平台声田/声破天（Spotify）的工程团队已经做出了开创性努力，围绕“高度信用、高度一致”的原则建立了自己的文化。事实上，许多初创企业和先进的科技公司都在它们的整体管理方法中注入了信用。

简单而有效的目标设定方法，如目标和关键结果（OKRs），正在帮助公司建立这种“高度信用、高度一致”的文化。OKRs 本质上是在个人和团队层面都设定目标，并用相关的关键结果来衡量。

关键结果以一种明确的方式定义了成功的模式。所有 OKRs 到 CEO 层面都是透明的，且被整个公司共享，这样每个人都能了解其他人在做什么。这赋予了个人设定目标的自主权，同时让他们了解自己的部门和整个公司的整体工作情况。

与涉及关键业绩指标（KPIs）的传统目标设定不同，OKRs 在本质上不具有评估性。也就是说，在整体上没有实现目标的压力。相反，目标是激励每个人把工作做到最好，而不用担心万一失败了会有什么样的后果。由于 OKRs 设立机制的原因，它们自然不会对这个问题持怀疑态度。OKRs 并没有设立僵化的目标，从而对员工施加压力并迫使其实现目标。相反，它们允许个人和团队制定自己的目标——并且相信他们会尽力做好自己的工作。

比较一下，实现 KPIs 的压力是基于一种“证明无罪前为有罪的理念”的版本。在实现这些目标之前，业绩被视为低于标准，这会导致灌输不健康的生存心态，引发信用缺失和恶性的竞争。OKRs 允许企业抛弃这种思维模式的原因在于它们的核心理念是“无罪推定”。

在许多情况下，信用从无到有的转变在结构上很容易做到。管理工具和理念上的调整——如从 KPIs 转移到 OKRs——可以使公司员工在全心全意地实施目标时产生巨大的效果。但改变目标设定的程序仅仅是个开始。为了让信用的文化来管理一个组织，信用需要在变革过程中建立起来，这样才能实现公司员工自己的价值。

公司在变革中建立信用时不可避免地需要改变对现状的看法。简言之，对现状的信任减少了，对一个可行的替代方案的信任就会越来越多。从信用战略的角度来看，这意味着随着您在建立信用（内部与员工之间，外部与客户和公众之间）方面取得的每一项成功，您在绝对意义上也提高了自己所预期的价值，而不仅仅是相对于您的竞争对手而言。在一个行业中，信用是成为并保持行业领先地位的关键，是确保其独特和实现无限发展的商业优势。

地球村

当把 21 世纪的媒体与人类历史进行比较时，我们可以发现一个有趣的模式。尽管我们正在利用大量的新技术，但我们正像工业化时代之前所做的那样，重新开始相互交换价值。也就是说，通过我们的交易活动建立个人和持久的联系，并使用无形但可信而不是法定货币的价值符号（如易货贸易）。这些替代货币体系主要服务于一个由志同道合者组成的小团体，而这个体系之外的人可能不会认可它们。将加密货币与小村庄社区之间历史上的易货贸易以及多个分散的货币体系的演变进行比较，我们看到了一种非常相似的模式。

从前和今天的不同之处在于，如此小的、隔离的社区可以在世界各地的个人之间形成。我们都听说过“地球村”这个词，这种现象很有可能会改变我们的社会和经济贸易模式。

这种趋势与当今大多数企业的情况不同，这些企业的运营模式源自工业化时代。大多数公司结构代表的是标准化、正规化和非个性化的模式。这当然导致了繁荣的“非正式”结构的出现，这些结构与人类自物种起源以来就自发形成的紧密联系的社区非常相似。在大公司中，正式和非正式的结构经常会发生冲突，尤其是在非正式社区一直有机发展的情况下，而大公司的结构在很大程度上仍然是静态和僵化的。

老牌公司很难信任一些可能会危及其运营模式的东西或与它们现有的经营方式截然相反的东西。“我们一直在做什么”和“我们一直是这么做的”的吸引力阻止了许多变革的尝试。保持现状是唯一安全的（似乎也是）可预测的未来前景，也最不需要去为之付出更多的努力。此外，那些建立在某种经营理念基础上的公司将会发现，即使它们尽其所能接受变革，除了现有的经营方式，也很难以其他任何方式开展工作。

因此，对于大公司的内部企业家和创新者来说，最大的挑战往往不是能够打造出更好地满足用户需求并具有强大市场适应性的产品；而是应该让他们公司中的决策者亲眼看到公司更好的发展机会，并相信它们是公司未来的发展前景。初创公司本身并不是事事都做得更好，而只是得益于不受阻碍它们前进的僵化的公司结构和老旧观念的束缚。

第七章　初创公司更容易得到信任的原因

如果您在一家大公司里闲着，没有做出特别有价值的贡献，您的公司就得承担机会成本，但是仅此而已。如果您在一家创业公司也是这样的情形，您就是在消耗非常稀缺的资金——即使它不是您自己的，对您来说也没什么好处。

大公司喜欢强调它们的资源非常稀缺，但实际上与初创公司相比，它们的资源要好很多。许多大公司面临资源问题的原因是把钱花在了错误的事情上，并且很难确定哪些业务活动、产品或服务创造了最大的价值。它们的投资组合中可能有很多遗留产品，其中一些产品对整体利润的贡献微不足道或为负值。大多数行业都面临着同样的问题，其中有部分人主张应用“帕累托原则”，即专注于20%的商业活动以此创造80%的价值。

初创公司由于自身条件的限制，从创立伊始就应用了帕累托原则。它们通过提供一种新产品或服务来解决现有行业的问题，这种新产品或服务提供了80%的价值，与现有产品或服务相比只提供了 20% 的努力和一小部分成本。这就是我们在创新文献中所说的颠覆性价值主张，它迎合了大多数现有用户的需求，而且成本更低、效率更高。小米在智能手机领域实现了这一目标——它提供了 80% 的 iPhone 替代品，价格仅为（几乎是字面上的）20% 。从品牌战略的角度来看，这是一种大众溢价主张，在当今的科技初创企业中尤为常见。它也适用于应用软件 Uber Black 等服务领域。Uber Black 为用户提供按需汽车服务，而用户就无须购买汽车或长期租用汽车以及雇佣司机。

伟大的初创公司就像是 21 世纪的特洛伊木马——它们进入一个行业，起初看起来无害，甚至没有特别的竞争力，然后一步一步地占领市场。初创公司从早期的客户下手，这些客户要么很在行，要么是有着强烈的需求但目前还没有得到满足。然后慢慢地就将触角伸向了大众。彼得・蒂尔（Peter Thiel）将此过程总结为：首次“垄断”一个目标明确的小众市场，进而扩大市场范围。

从信用的角度来看，从最易于管理的环境开始建立信用并不断产生影响是很有意义的。信用一旦建立，瞄准更广泛的人群就变得更容易，因为这家初创公司已经在试点用户中建立了牢固的信用基础。而一些老牌公司却会立即寻找最大的客户群体，即使其中许多人并不是早期用户。这使其很难找到那些信任并支持它的产品或服务的初始用户，更不用说让世界其他地区的人们能够了解它，发现它的价值。

不管您是否意识到，成功的创业者都明白，在市场中立足的最好方法是找到热情支持您的创意和您早期产品（经常是前卫的）的客户。首先，您可以从这些早期客户的反馈中学到很多东西。其次，他们愿意包容您的产品在这个阶段可能存在的缺陷和问题。您的初始客户群增加了您对产品进一步研发的信心，使您能够快速改进自己的产品，并为大规模投入市场做好准备。

与大公司谨慎的完美主义相比，您可以清楚地看到前者是以一种更足智多谋的方式将新产品推向市场。而这正是成功的初创公司和老牌企业运作方式的不同之处。事实证明，信用在这种差异中起着决定性作用。初创公司损失的（信用、价值）很少，获得的（信用、价值）却很多。对于大公司来说，情况则恰恰相反。

不同的工作模式

想想看，我们创建或加入一家创业公司的一个主要原因是，这是一种截然不同的工作模式。请注意，这里的不同不是指在这一边享受：免费用餐、舒适的公司外出度假和从事激情的项目，在另一边面对的却是破旧的办公空间和拖欠的薪水。笔者所指的不同是更基本的东西，即任何在初创公司工作的人都许下的承诺：相信公司未来会改变现状的愿景，并积极地去追求它。在初创公司里，没有人会有时间或耐心去拉着别人走，也没有人会为了完成任务而去跟从别人。在任何给定的时间点，每个人都在做自己该做的事情。

不过，尽管股权薪酬是激励因素之一，但更重要的是工作文化。虽然文化对人们来说意味着很多不同的东西，但它可以归结为默认的操作模式，即任务的完成方式。大公司在默认情况下是“拉动式”环境：人们会做被要求的事情，除此之外的主动行为是很少见的，而且效果往往适得其反，这是因为他们在一套严格的规则下运作。另外，初创公司的运作基于一种相互理解，即每个人的角色和职责都是根据业务需要动态安排和定义的。

想象一下，初创企业和大公司就像两支在互相竞争的足球队。一方面，大公司团队将由数百名球员组成。每个人身上都拴有一根皮带，允许他们在几米的半径内移动。少数几名球员的皮带会比其他球员更长，从而便于操控场上的局面。另一方面，初创企业团队则由三个人组成，他们都在为自己的生活奔波，心中只有一个目标——射门得分。

这样看来，初创企业能够取代规模大得多的现有企业就不足为奇了。无论有多少高技能人才在一家公司，他们的集体潜力取决于他们对彼此创造价值的信任程度以及对目标的联系紧密程度。笔者喜欢称之为“向量动力学”。

想象一下，一群人拉着中间环上的绳子，有些人往同一个方向拉，有些人往相反的方向拉，有些人则往一边拉，等等。与所付出的努力相比，效率将会很低，而且可能无法达到最初的预期。大公司很容易出现类似的情况，最强大或最雄心勃勃的个人会将部门拖向其认定的目标。

另外，在初创企业中，每个人都必须向完全相同的方向前进，且这个方向随时都可能发生改变。这种结盟不是靠强迫实现的，而是靠对同一目标的热情，对世界需要改变的相同理解。当然，现有企业中一些卓有成效的部门也拥有类似的共同方向和动力，但在大多数情况下，我们只在初创企业中看到了这种高效、完全同步的运营活动。

失去凭直觉为同一个梦想努力的能力会严重影响年轻的公司。当然，它也不是一成不变的。与几百个人相比，让十几个人保持同步并专注于一个共同的愿景要容易得多。但随着公司规模的扩大，沟通变得不那么及时，偏差也就不那么明显了。回到我们之前的比喻，我们很难注意到在 100 多人的人群中，有两个人在朝各自的方向拉扯。只有当少数几个人聚集在一起朝着一个特定的方向前进时问题才会出现。当一个职能不固定的初创公司（例如，早期首席执行官兼任送货员、会计师和网页设计师）发展成一个更成熟的公司结构，且有不同部门和单独的目标时，这种情况就很容易发生。

主动性直觉

初创企业把信用建立在“主动性直觉”上。由于初创企业中的每个人都倾向于按照自己选择的方式行事，因此他们有强烈的动机主动寻找机会，并应对即将到来的挑战。因为他们的操作范围是松散的，所以从技术上讲，与其他队员发生冲突是一种风险（尤其是在队伍壮大、场地变得更加拥济的情况下），但只要队伍的利益是相互的，这种风险就被认为是可控的。在初创企业中，这很容易实现——如果他们不相信创业会对世界产生积极影响的潜力，谁会加入它呢？多年来，笔者遇到的许多人，几乎都对自己的工作充满激情。在面对巨大的不确定性时，这正是您需要坚持下去的东西。

初创企业积极主动的工作模式和共同愿景并不适用于大公司。因为大公司的决策是由公司而非个人的激情或主动性决定的。在初创企业中公司的组织结构很少妨碍到员工的工作方式。它完全是根据不同的情形而达到默契的社交过程：团队直觉。为了避免低效和冲突，初创企业团队使用直觉来决定谁会在任何给定的时间点抢球。为了进一步避免碰撞的威胁，就像任何一支足球队一样，球员会被分配到一个大致的专业领域（如守门员、后卫、前锋）。同时，挑选一人作为领导团队的队长（即首席执行官）。这就是团队问责制的好处，它避免了那些形式化、僵硬化的公司所共有的缺陷。

与许多大公司的首席执行官不同的是，初创企业团队的领导者也有自己的专业领域，他与所领导的团队成员之间的关系是平等的。这也是主动性直觉的特征之一，领导不是一个固定的位置，而是一个参照标准而已。

采用这种运营模式的初创企业展示了如何进行结构创新或如何最大限度地去挖掘公司的创新潜力。它的妙处在于，主动性直觉在初创企业不是奢侈品，如果想用很少的人力、资本、渠道等来做大量的事情，主动性直觉是必要的。“少花钱多办事”可以说是我们渴望创新的原因，而初创企业恰恰证明了“少花钱多办事”的组织结构是可行的。

第八章　在创新中建立信用

最好的创业公司以独特的视角看待市场机遇，这种视角基于其他人所忽视的洞察力，从而做了一些前人从未做过的事。这是一项极具挑战性的任务，因为人类社会的先锋派思想家历来都面临着各种形式的嘲弄、无视或攻击。以尼古拉·特斯拉（Nikola Tesla）为例，尽管他是有史以来最具才华的发明家之一，但他死时被误解，身无分文，孤独终老。无论您有多聪明或多先进，您成功的可能性都取决于人们对您所说和所做的信任程度（相对于公认的现实而言）。人们拒绝一个创意的主要原因是不相信它具有价值。

这也适用于人类本身——本质上我们通过对他人的信用程度来评估他人，即我们在他人身上发现了多少价值。在个人环境中，它可能反映出您能从个人身上学到多少东西，或者您感觉他人有多少价值。您的评估受到很多因素的影响，如一个人的文化，他们的成就，他们的受欢迎程度，等等。在专业环境中，这主要取决于一个人能创造多少价值。对于创业者来说，这意味着无论您是向投资者、高管、联合创始人还是潜在客户推销，他们在您的想法中所看到的价值都直接取决于他们对您的信任程度。

对新事物的怀疑

对大多数人来说，相信现在比相信未来更容易。大家可能还记得诺基亚（Nokia）首席策略师安西·范约基（Anssi Vanjoki）2009 年对 iPhone 产品说的那些不中听的话："移动电话的发展模式将类似个人电脑。即使苹果的 Mac（个人电脑）一开始吸引了许多人的关注，但诺基亚在行业中占有特殊的地位，移动电话的未来也是如此。"这让人想起 2001 年一位未来学家的另一句话，他预言"互联网永远不会成为大众媒介，因为它的本质不是大众媒介"。

在过去的十年里，无数产业的创业和技术驱动的转型改变并扩展了我们对生活方式的既定观念。当发布和消费商品时，我们希望在 Medium（发布平台）和亚马逊（Amazon）这样的公司发布和消费；当选择出租车时，我们会考虑来福车 Lyft（打车应用软件）和优步（Uber）（打车应用软件）；当旅行时，可以选择使用沙发客（Couchsurfing）和爱彼迎（Airbnb）等平台服务代替酒店，也可以通过 Nest（智能温控器制造商，谷歌子公司）和特斯拉（Tesla）等公司的创新，实现我们"绿色生活"的理想。最终，除了人们喜欢称之为"行业混乱"之外，产业、部门和价值主张也发生了各种各样的重组。

从这些人类独创性的新概念中出现的事物，有相当一部分明显优于以前存在的事物。您能想象个人基因测试（23 分钟）或大脑扫描（情绪透视）从难以获得的高度专业化的医疗服务转变为大众负担得起的自助消费品吗？我们创新方式的转变为世界各地不同背景的人们提供了为全球进步和赋权做出贡献的机会。

尽管如此，如今向客户推出新产品可能比以往任何时候都要困难。我们已经无须纠结于选择大量看似相同的产品了（超市里几百种早餐麦片中您喜欢哪一种?）。今天的技术经常被用来提供更多的选择，但也提供了一个减少相同，推出更多全新的产品的机会。尽管这个机会十分诱惑，但是说起来容易做起来难。

为什么人们会把信用放在以前从未存在过的东西上？假设您发明了一种新的、更好的、更快的清洁牙齿的方法——您会如何推销它呢？您会随便走到一个陌生人面前，告诉他，他从小就开始刷牙的方式是完全错误的，然后向他展示牙齿清洁的未来吗？您会得到什么反应？尽管您确信您的新技术比现在的技术好上十倍，但您不可能通过强迫人们接受来获得成功。

仅仅靠先进的技术根本无法改变这个行业。在任何事情发生之前，先进的新技术（或理念或过程）必须找到与受众建立信用的合适途径，以使其价值得到赏识。

尽管比特币在很长一段时间里为人们提供了一种聪明、

廉价和相对快速的方式，用于在全球范围内匿名转移资金——但它仍然面临着这些挑战。多年来的波动表明，人们对其作为一种货币的价值信用基础仍然不稳固。然而，这是一个完全相对的观察。在加密货币中，它被认为是最有价值的（也是最值得信赖的）一种。这是因为在加密货币中，它拥有最大的“挖掘”能力，即处理交易的资源。采矿者只有在信任其货币价值的情况下才会开采，所以采矿者的数量表明了对货币价值的信用程度。

无论一项技术有多大的潜力，它只有转化为现实的价值（即获得的价值），才能让人们相信它可以为其提供价值。这就是为什么强调技术作为创新的关键驱动力的观点充其量只具有部分的准确性。技术是进步的触发器，信用是实际的推动者。

应用的轨迹

事实上，通过互联网进行的网上购物和送货上门对电子商务的主流应用影响甚微。最终导致这一结果的因素之一，是亚马逊成功用这种新的商业方式与客户建立了信用。信不信由你，在电子商务时代之前，人们可能很难相信他们在网上购买的商品会送到家门口。加密货币正处于这个阶段，只有不再担心将货币从 A 转移到 B 不安全，人们才会将加密货币当作一个合适的选项。

信用的建立，就像创新本身一样，需要持续不断的努力——一旦失去动力，别人就会做得更好并可能取代你。常言道，信用是“挣来的”——它是一种流动的商品。它可以快速地从一方转移到另一方。要使其具有稳定性，就需要说服用户相信您的产品或服务在市场上是最好的、独一无二的。用彼得·蒂尔（Peter Thiel）的话来说，最重要的是形成垄断。用我的话说，只有人们相信您的独特性，您才有可能在市场上占有优势。

我们接着谈亚马逊（Amazon）。不久前，该公司首次尝试销售新鲜食品时，曾面临重大的信用挑战。这家公司怎么能让消费者相信那些没有经过自己在超市里挑选的食品的质量呢？亚马逊很快就意识到，消费者在网上购买新鲜商品时会感到不放心。作为反应，他们在网上订单中添加了免费样品，以便向消费者展示产品的质量和新鲜度。事实证明，人们根据自己的喜好在超市挑选农产品的习惯是一种根深蒂固的行为，而这也成了新鲜食品电子商务的障碍。亚马逊的反应是正确的，因为它让用户可以方便地品尝其选择食品的质量，同时对购买其新鲜食品的早期顾客进行奖励。消费者不相信传统的超市会为他们精心挑选最好的产品，而是依靠自己的判断来挑选。一个大问题的前兆变成了建立信用和客户参与的机会。尽管一个品牌的信用可以应用在许多情境中，但推出一个新的品种仍然是建立信用的重大挑战。客户喜欢某家公司的 A 产品，并不总是意味着他们相信这家公司也能把 B 产品做好。信用是一种价值分析工具，而亚马逊的案例表明，缺乏信用确实会抑制新的价值创造机会。截至目前，这家电子商务巨头似乎还在摸索如何在网上杂货店这个细分市场上提供更好的服务。

量化信用

为了使获得信用和实现价值之间的联系更加清晰，证明如何量化信用是有帮助的。在前面引用的关于信用的主要文献中，信用已经被认定为众多过程中的一个重要因素。量化信用的价值不仅仅是衡量信用，现有的研究已经在某些情况下取得了良好成果。它涉及获取其经济价值，并朝着一种有可能对信用定价的方式前进。这本书对信用的定义是，没有信用就没有价值创造。所以我们可以简单地得出这样的结论：信用的价值是无限的。据此，笔者提出了以下观点。

将信用视为价值创造和经济绩效的推动者，使其成为一种多元化价值。以货币体系为例，它证明了信用的重要性。如果您收到一张 100 美元的钞票，相信它的价值是大家公认的，能够用它换取一定数量的商品或服务。您完全相信您的 100 美元纸币能值 100 美元。您也知道您所在国家/地区的每个人都认同其价值，并认同您的 100 美元纸币是一种可以接受的支付方式。

把 100 美元纸币和 100 美元的百货商店代金券比较一下，就会发现它们的面值是一样的，但是代金券的价值却不被普遍接受。因为您只能在百货商店里用它来购买某些东西。而且，它可能还有一个有效期。相对于 100 美元，它更不受欢迎，也更不值钱。

如果我们假设100美元纸币是接受100美元面值的最有价值的形式，我们可以将其赋值为1的信用倍数。对于代金券，我们可能会发现它可以80%的价格出售，贬值了20%。最根本的原因是人们对其是否具有100美元的价值不太信任。其有限的流通性是原因之一。另一个原因是百货公司的商品价格由商店决定。在使用代金券时，我们可能并不完全知道我们是否可以在别处的商店里买到更好的东西，或者我们附近是否有更方便的商店。不管有无意识，所有这些因素都影响着我们的评估。在我们的示例中，我们为代金券赋予了0.8的信用倍数，从而导出了$100 \times 0.80 = 80$美元的价值。

现在假设笔者创造了自己的货币，就像百货公司一样。为了说服别人接受它，我必须说服他们相信我的货币的价值。人们可能认为我自制的100美元纸币毫无价值，给我的信用倍数为0。显然，没有信用，任何货币体系都不可能存在。如果没有信用，我们现在使用的货币就只是写着数字的纸片和金属芯片。当一个人相信他在接受一种货币时获得了价值，那么这种货币体系就是可行的。

通过信用实现指数价值

为了让信用变得切实可见，我们可以把它想象成一个有水流入和流出的水池。建立或减少信用的活动分别是流入阀和流出阀。每次成功的信用建立活动，就好比流入阀打开，流出阀关闭，水位升高。水位越高，公司的估值就越高——

在金融市场上，最值得信赖的股票往往与公司估值最高的股票联系在一起。全球和当地的经济条件相当于影响池中水位的自然力量（如阳光蒸发、气候破坏、自然灾害等）。最后，水池本身，其材料、工艺质量及其保护措施代表了我们用来分析信用的维度，即实现价值的程度。

我们可以用一个简单的公式来表示信用和价值之间的关系：

价值实现（Value Realised）等于支付意愿（Willingness to Pay）乘以信用倍数（Trust Multiple），即 $V = W \times T$。

在这个等式中，价值实现等于一个经济价值主张的可感知价值，乘以它设法建立的信用程度。这种价值主张越强，人们对它的实际信任度就越高，价值实现也就越多。没有信用，就没有价值。如果失去了信用，就会产生负值。假设一家初创公司获得了种子基金，准备开发其产品的测试版，但如果资金不足，就会导致负价值创造或投资亏损。随着投资方对其交付结果能力的信用下降，估值直线下降，价值也会不可避免地丧失。

当然，您可能会说比信用更重要的因素还有很多。但事实上，信用之所以如此重要，是因为它在推动价值创造中所扮演的独特角色。经济关系需要信用，经济交易也与信用有着积极的关系。我们刚刚谈到了经典的经济理论，该理论认为贸易是由双方都想从中获得的期望所促成的。这种预期或多或少是双方知悉的。当然，只有当我们相信自己所得到的回报时，才会付出辛苦赚来的现金。如果您不相信它能满足您的期望，您会买它吗？这样的期望可能是基本的，如相信您买的食物是安全的，相信您买的二手车刹车正常，或者相信您随时可以在自己的活期账户里存取资金，等等。

互信是实现互利共赢的重要基础原则。这里的基本假设是，每笔交易本质上都是双赢的。为了让我花5美元在早上买杯冷萃咖啡（cold brew coffee），我从购买咖啡中获得的感知效用（或增值）应该大于我从留下5美元中获得的预期效用。对于咖啡馆老板来说，情况正好相反。为了让他们给我一杯冷萃咖啡，他们必须觉得接受我的5美元比不卖给我更有价值。任何可交易的东西都有一个市场，在这个市场里，价格是由供求关系决定的。

另外，还有一种情形。假设100%的新加坡人愿意以0.01美元的价格购买一杯冷萃咖啡，但0%的咖啡馆愿意以这个价格出售。或者100%的咖啡馆愿意以每杯1000美元的价格出售，但是0%的新加坡人愿意以这个价格购买。在这两种情况下，都没有办法进行交易。事实上，市场是由交易意愿创造的，而交易意愿的根本动机就是从交易中获利。

现在，假设在这种情形下报纸上刊登了一篇文章，着重宣传了冷萃咖啡的健康益处。这可能会让新加坡人更重视冷饮，或相信它能为他们提供更多的能量。因此，更多的人可能会愿意购买冷萃咖啡，他们可能愿意支付更高的价格，由此扩大了市场的整体规模。如果咖啡的产量保持不变，咖啡价格很可能会上涨。因为咖啡店老板发现，有机会根据更高的需求增加利润。2013 年和 2015 年东南亚雾霾期间，N95 口罩就发生了这样的情况，优步（Uber）在高峰时段实行高峰定价时，每天都会出现这种情况。反过来，咖啡馆现在可能会有动力增加咖啡的产量。有了更多的选择，咖啡馆将不得不更加努力地吸引顾客购买冷萃咖啡，而且价格很可会再次下跌，直到达到新的供需平衡。虽然价格可能会恢复到原来的价值，但总产量已经上升，这有效地扩大了市场。

这与信用有着直接的联系。在其他因素保持不变的情况下，如果人们不相信报纸上的文章，并随之改变他们对冷萃咖啡的看法，他们的行为就不会发生改变。通过对信息的信任并将其转化为响应，客户扩大了冷饮的总市场。对坏消息的反应则正好相反。想象一下，如果这篇文章讨论的是咖啡对健康的不利影响——结果可能会截然相反。

在上述例子中，我们首次将信用与经济结果联系起来。回到公式 $V = P \times T$，我们可以给 P 赋值（支付意愿，即效用）和 T（信用倍数），从而得到 V。

对于冷萃咖啡的例子，它是这样的：

冷萃咖啡的价值实现（V）$= P \times T$

但是 P 和 T 的值是多少呢？与 100 美元纸币不同，冷萃咖啡不是一种普遍的价值形式，而是一种非常特殊的价值形式。为了便于计算，我们可以将价值感知量化为对商品或服务提供的总经济价值的估值，也就是经济效用。为了具有吸引力，它一定要比用户支付的价格高。也许我们愿意为一份冷萃咖啡付费的上限是 6 美元。一般情况下，对于冷萃咖啡，我们将其赋值为 1 的信用倍数，因为我们将其视为一个独立的概念。

一份冷萃咖啡的价值实现（V） = 6 × 1 = 6 美元

尽管我们最终想要的是冷萃咖啡，但重要的是我们在哪里以及如何得到它。有两家商店在卖，我们更喜欢 A 店而不是 B 店，并且我们只愿意少付 30% 的费用去购买 B 店的冷萃咖啡。这使得 A 店在这次交易中成为我们整体的相对偏好和绝对偏好。这两家商店都出售 4 美元的冷萃咖啡。

对于 A 商店，我们的价值实现是 6 × 1 = 6 美元

——这让我们很开心，因为我们只花了 4 美元。

对于 B 商店，我们的价值实现是 6 × 0.7 = 4.2 美元

——对我们来说还是可以的，因为我们是在为自己获得净收益。

在我们了解这个例子的实际数字（这对我们来说是效用的度量，并且很难客观地证明）之前，我们对 A 商店的选择更有意义这一点很重要，尽管 A 商店和 B 商店本质上是在销售相同的产品。

评估的多维度

让我们看看另一个例子。假设我们对叫出租车到机场的效用和预订私家车到机场的效用的估价都是 60 美元，那么这两种选择似乎都很有吸引力。只要实际支付的价格低于 60 美元，我就会选择更便宜的。现在再加上我对每个选项的信任

程度——这可以由我对司机安全到达目的地的能力的信任程度来决定，或者由我对这个特定选项的到达速度的信任程度来决定。

在现实中，我们从多个维度来评估产品和服务。需要注意的是，无论我们评估的维度是什么，关键的决策驱动因素都是选择最佳的选项（即进行最少的权衡）。因为我们永远不能完全确定一个选项是否是最理想的选项，所以我们只能根据对其中一个选项的信用程度来做决定。

值得注意的是，这里的信用不是绝对的，而是相对的，这意味着变量 T 表示的是一个分数或百分比，而不是自然数。如果只有一种选择，那我们别无选择，只能信任该选项，因此，如果不考虑其他因素，那么量化信用是没有意义的。例如，在只有一个选项可用的情况下，您对该选项的信用（出于纯粹的需要）是 100% 或 1。这解释了为什么皮特·泰尔（Peter Thiel）认为，垄断是企业的理想境界——如果您是唯一一家做您所做的企业，您也是客户信任的得到他们需要的东西唯一选择，那么您几乎可以获得所有的价值。对于很多客户来说，苹果的 iPhone 就属于这一类产品，他们认为没有其他产品可以替代他们通过 iPhone 体验到的功能。

但首先，回到我们最初的例子。我们只关注考虑集中的两个选项，以及两个评估标准：

对客户的效用 =60 美元	安全性	等待时间
私家车，价格 40 美元	0.7	1（最佳选择）
出租车，价格 38.1 美元	1（最佳选择）	0.6

根据 $V= \times T$，得到：

对于私家车，$V=60\times 0.7\times 1=42$ 美元

对于出租车，$V=60\times 1\times 0.6=36$ 美元

基于此，我们相信在这种情况下，私家车是更好的选择。为什么选择它而不是出租车？尽管出租车名义上更便宜，但实现的价值小于我们感知到的效用，其原因是，效用定义了我们愿意在最优条件下（在送到机场的情况下）为某种商品或服务支付的最高价格上限。在任何既定的考虑中，获中的选项都是与客户建立最高层次信用的选项，即能够实现实际价值创造最大化。

再举另一个例子。我们在普吉岛的一家豪华酒店住一晚的总感知效用是 500 美元，我们可以在 A 酒店（每晚 400 美元）和 B 酒店（每晚 300 美元）之间进行选择。对我们来说，重要的决定标准如下：

对客户的效用 =500 美元	设计	位置	设施
A 酒店，400 美元/夜	1（最佳选项）	1（最佳选项）	0.95
B 酒店，300 美元/夜	0.6	0.8	1（最佳选项）

在这种情况下，如果我们选择 A，我们实际实现的价值为：

$V=500\times 1\times 1\times 0.95=475$ 美元

选择 B，则为

$$V = 500 \times 0.6 \times 0.8 \times 1 = 240 \text{ 美元}$$

这些代表着以美元计价的购买决定的有效效用。它们让我们能够量化信用对我们实际价值感知的影响。只要我们购买的效用超过了成本，我们就认为这个决定是值得的。在这种情况下，只有选项 A 对我们来说是有价值的选择（价值实现 > 价格），而酒店 B 给我们的价值小于我们需要支付的价值（价值实现 < 价格）。

由于该模型的相对性质，这个例子具有重要的意义。首先，如果您所在行业的某个人比您更善于建立信用，他就会比您多一个特别的优势。他建立的信用越多，从您身上获取的价值就越多，以至于您的价值会低于产品和服务的要价。除非您经营的是垄断业务，否则客户总是会拿您的产品和别人的进行比较。实际上这意味着，竞争对手在其业务中建立的信用可能会从您的业务中获得价值。

给用户增加价值

如今的初创公司在与用户建立信用方面往往更快、更有效，因为它们建立信用的方式与老牌公司完全不同。与大多数商业活动一样，结果才是最重要的。初创公司的一个主要支柱是，它们能够比老牌企业更快、更好地创造价值（进而创造信用）。具有转型观念的初创公司会从根本上重新设计行业的价值和信用创造。这些公司似乎知道（也看到）老牌公司忽略的事情。事实上，这可能正是问题所在。大公司仅以利润为重点进行价值创造，这最终会导致利润优先于用户的需求。在这个过程中，他们忘记考虑的是：我们（即用户）。

最成功的公司专注于为用户实现价值最大化，而用户的价值最大化又反过来为公司实现利润最大化。表现出色的初创公司总是能够解决一个重要的用户问题。这种优先级上的细微差异是初创公司更有效地建立信用的原因之一。这也是成功改造一个行业的初创公司能够迅速建立并超越现有公司多年来从用户那里赢得的来之不易的信用的原因。初创公司建立的信用程度（与用户数量）与其获得的估值之间存在很强的相关性。许多著名的科技公司通过建立可信的中介或平台来实现这一点。这使得它们无须拥有任何与业务有关的有形资产就能获得可观的价值，进而实现更好的收入与利润比率。实现盈利是至关重要的，但只有在用户问题得到解决，用户对产品或服务提供的价值感到满意的情况下，才能实现盈利。

为了清楚地说明这一点，假设您在一次会议上被介绍给两个人。您遇到的第一个人与您互动的目的是想知道您能否让他们受益。第二个人想知道的是他们能否让您受益，以及如何在建立联系中实现互惠互利。您更倾向于相信谁？

在当今这个透明而又公开的世界里，大家的底牌都摆在明面。今天的顾客再不会为虚假的承诺所动，也越来越有能力分辨公司是为顾客着想还是不加掩饰地想利用他们。许多初创公司所做的都是将商业视为一场正和游戏——每个人都能从一种新的、更好的解决问题的方式中获益，或者从一种我们尚未抓住的机会中获益。这与一些公司的分销逻辑形成了鲜明对比，他们只是表面上关注用户需求。这些公司总是被困在竞争策略中，即使他们装饰华丽的公司会议室里站满了客户，也很难发现真正的用户需求。这有利于那些把为用户创造价值放在首位，并将与客户的商业关系视为一种双赢局面的企业，而这种双赢的局面是基于企业的互惠互利的理念产生的。

促成价值形成的因素

我们对公司的估值在很大程度上取决于公司与受众之间建立的信用程度。例如，麦当劳（McDonald' s）2015 年的市值约为 900 亿美元，而其品牌本身的估值约为 800 亿美元。大品牌的商业价值是非常可观的，而信用是它们最重要的组成部分。在初创企业中，有形资产通常只占其整体估值的很小一部分——这就解释了为什么成功的初创企业会在短时间内成为大品牌，而其他企业却未能实现更多的实际价值。虽然为了比较目的而去量化信用的绝对值可能是有用的，但最重要的是要从相对的角度去理解信用作为价值催化剂的作用。在任何既定的情况下，我们建立的信用越多，从周围的商业活动中所获得的价值就越大。

金融市场很好地说明了这一点。例如，公开交易股票的价值在很大程度上取决于市场对其的信任程度。这里有许多因素和评估的细微差别在起作用。首先，信用可以建立在过去、现在或未来的基础上。越多人同意，估值就应该越准确。对上市公司的信用要比对私有公司的信用更容易量化，因为更多的人可以接触到它的价值，从而对它的价值形成自己的看法，并能根据自己的看法采取行动。

这一原则具有普遍适用性。假设您正在为公司的一个新职位招聘一名求职者。当你开始薪资谈判时，对新员工的市场价值会形成两种观点，但在达成协议时应该趋于一致。尽管双方已达成协议，但这种情况是对候选人公平市场价值的相对不确定的评估的一个例子。发现应聘者价值的一个更好方法是比较应聘者可能收到几份录用通知和其他几个应聘者的薪资要求。接收到的信息越多，估值就越准确。如果样本足够大，许多人的共同意见最终将得出一个准确的估值。

这一原则通常被称为大众智慧，它会得出一个重要结论：任何给定产品或服务的价格，或多或少都反映了人们对它的平均信用。

正如我们所看到的，人们对某物价值的信任程度直接影响其在经济方面的实际价值。股市也呈现出类似的走势——例如，大众汽车（Volkswagen）的股价在尾气排放丑闻曝光后暴跌 23%。时任首席执行官的马丁・文德恩（Martin Winterkorn）发表公开声明说，“我个人对我们辜负了客户和公众的信任深感抱歉”。2016 年 4 月，苹果公司的季度收益报告与分析师的收入预测相差约 15 亿美元（使苹果市值缩水 460 亿美元），导致苹果股价一夜之间下跌 8%。虽然对这一事件的解释各不相同，但重要的是股价大幅下跌这一结果。苹果公司13年来的季度营收目标从未出过差错。这清楚地表明，这一消息肯定让苹果股东和市场感觉到了用户对苹果的信任遭到了破坏。另外，今年早些时候，其他几家知名科技公司［如领英（LinkedIn）］贬值，导致该公司股价下跌，因此这也可能反映了投资者的普遍情绪，以及对科技公司能否产生预期回报的不信任。

在一个体系中，一旦失去信用，价值也会随之消失。在全球金融危机中，估计损失达15万亿美元（我们称之为“大量信用”）。不幸的是，破坏信用和价值要比建立信用容易得多，因此，信用违约总会带来长期的经济影响。

简言之，我们评估个人和公司以及产品和服务，是通过它们为我们创造的价值所建立的整体信用。信用是个人或公司最有价值的资产，因为它决定了我们为他人和自己实现价值的多少。每家公司都是资产的集合——IP、关系、设备等——但是它的价值取决于它从资产中盈利的能力，而不是资产本身。我们购买一家公司的股票，是因为我们相信它会处理好员工、技术和客户关系，相信它有可能为客户和公司（包括股东）实现价值最大化。

这也适用于创业基金。企业家从相信他们能够成功的投资者那里筹集资金（更准确地说，是相信他们能够从投资中获得回报）。创始人能够建立的信用越多，他们筹集的资金就越多。它是一种催化剂——赢得的信用越多，创造的价值就越大。例如，首席执行官（CEO）过高的薪酬一直困扰着人们。事实上，它可能只是反映了人们对个人的信用程度，这种信用有助于公司走向成功，实现未来的价值。从这个意义上说，一个公司的资产负债表、品牌、领导者、公众声誉等，都只是它收获价值（即建立信用）潜力的证明点。

成功进入并改造一个行业的初创企业，能够迅速超越现有企业多年来赢得的客户和利益相关者的信任。如今，许多科技公司成功了，却从未拥有构成其业务的大部分资产。相反，它们创建了一个被信任的中介，允许它们在不拥有服务中涉及的资产、车辆、支付终端等情况下获取价值。这就是在陌生人之间建立有信用的平台的力量，这样使得全世界的人们可以安全地分享彼此的资源。

第九章　从无到有——信用的应用模式

从宏观的角度来看，信用不仅仅是一种价值最大化的策略；它更体现了创业的核心精神。优秀的企业家对自己从事的事业充满信心。他们只依靠自己和他们的团队，并使世界上的其他人相信自己。他们相信自己的业务能够满足大众的需求，相信市场的声音能够帮助他们找到价值来源。每天他们都在对自己所选择的方向做出无数的决定。这种工作文化不断推动创新。事实上，硅谷的一个显著特征是其根深蒂固的相互信任文化。正如亚伦·斯科纳德（Aaron Skonnard）所描述的那样，“硅谷融合创新、文化和以客户为中心的生产力，并结合了透明度和信用，因此造就了硅谷独特的魔力”。

初创公司（通常指创新型公司）和大多数现有公司之间的一个重要区别是它们运作的速度。2015 年底，《财富》（*Fortune*）杂志的一项研究显示，企业的决策速度正在放缓。这篇文章将此与谷歌（Google）、亚马逊（Amazon）和脸书（Facebook）在其业务中部署的闪电般的速度进行了对比。有了更多的沟通渠道和更快的响应率，就有可能（或未来有可能）让更多的人参与决策。

拥有等级最森严结构的公司越来越发现自己可能被即时通信扼杀。在强调互信的企业中，没有必要质疑每一个决策。事实上，以信用为核心原则运作的公司，其文化往往将商业理解为一场正和游戏——当个人和部门成功时，每个人都是赢家。将它与建立在相互不信任基础上的公司理念进行对比，您会发现指导这些公司决策的是一种零和游戏思维。正如《哈佛商业评论》（HBR）的一篇文章所言，失去信用的代价十分高昂。如果我们假设一家公司本质上是其所有价值创造活动的总和，那么信奉零和游戏理念的公司文化，其整体价值可能会显著低于信奉正和游戏的文化。那些信奉信用原则的人创造了积极的环境。在这种环境中，人们相互信任，做着正确的事。零售商诺德斯特龙（Nordstrom）奉行一种高度信任的文化——在他们的员工手册中，您只会看到一条规则："在任何情况下都要有良好的判断力。"

《哈佛商业评论》（HBR）中一篇关于《超级老板》（*Superbosses*）的鼓舞人心的文章揭示了信用不仅可以创造价值，而且可以提高创造价值的速度。文章指出，一些世界顶尖的领导者不需要调查背景，甚至不需要审查简历，就能够闪电般快速、高质量地做出招聘决定。信任他人的能力对于快速建立相互信任的关系至关重要。

人际关系

互惠在人际交往中起着非常重要的作用，它也是信用经济模式最重要的组成部分。因此，它是经济活动的一个重要影响因素。从我们能够追溯到的历史来看，人类的商业活动至少在一定程度上依赖于人际关系。如果您问任何一家老牌的贸易公司，是什么原则指导着它们的业务时，最常见的答案是信用。在今天的亚洲，商业关系仍然是促进商业贸易的重要因素，而面对面的交流在达成交易中发挥着更重要的作用。

或许有些矛盾的是，数字传播媒体的崛起增强了人际关系在商界的重要性，让我们能够迅速与世界上任何地方的任何人建立关系，而随后又将这种关系带到线下。虽然领英网（LinkedIn）上的许多联系是先在网上发生的，但它们能促进面对面的交流。当我采访朋友和熟人时，有相当一部分人表示，他们通过领英网直接或间接地找到了前几份工作、项目或业务合作伙伴。它不仅仅是一个专业的社交网络平台。该网站的核心是一个由社会资本驱动的社区，可以作为认识现实世界的先行者，在知悉能在线下见面的情况下，您可以用它来拓宽您潜在的商业伙伴、客户、求职者等渠道。人们认为领英网有价值的原因有很多，但领英网作为一个值得信赖的职业社交网络平台放大器，本身就具有吸引力。

这类放大器各式各样，存在于线上或线下。网络社交活动是结识新职业人士的好地方，而且不必承担任何被拒绝的风险。由于这种双重选择，结交新朋友变得相当容易。参加网络社交活动的人会努力地表现出与人见面的意图，这有助于克服人际交往中的第一个（也是至关重要的）信用障碍：是否值得花费时间（符合我的兴趣）与这个人交往？在目标是相互设定的情况下，人们更愿意冒险一试。

相比之下，有人试图在大街上、火车上，甚至在咖啡馆里结识朋友。为了进行有目的的互动，这个人需要克服怀疑或不安的障碍，这是大多数人在与陌生人打交道时的心理状态，除非已经建立了一个社区环境（如网络平台等）。对于大多数人来说，克服这一最初的障碍几乎是不可能的。而网络平台则让这一切变得容易得多，关键是它体现了互惠原则。

比较优势法则

为了让社区发挥作用，它必须为参与其中的每个人提供价值。正如我们期望从我们选择从事的行业中获得利益一样，期望从参与社区活动中获得一些个人利益也是人的本性。一个人比别人多赚多少并不重要，重要的是每个人都从中受益。但是，如果不同的人从经济或社会互动活动中获得的价值不同，互惠又如何存在呢？

经典经济学理论在这里再次提供了帮助。比较优势法则被认为是全球贸易中最重要的原则之一。它指出（并从数学上证明）每个国家最好专注于它们生产的最好的商品或服务。

现在，有趣的事来了。比方说，A 国和 B 国都生产 X 商品和提供 Y 服务，从绝对意义上来说，A 国在生产 X 商品和提供 Y 服务方面比 B 国更有效率。Better 被定义为一个较低的机会成本，即为了生产这些商品和服务，必须抓住创造价值的其他机会。换句话说，A 国更擅长制造 X 商品和提供 Y 服务。这可能与许多因素有关，如资源成本更低、技术更好等。

为了便于说明，我们假设新加坡在 X 商品和 Y 服务方面绝对比德国好，因为这两种商品都与金融有关，而且新加坡更容易获得人才，因此所需更少的劳动时间。下表显示了制造 X 商品和 Y 服务两种商品各 1 个单位所需的时间。为了简单起见，该模型假定两国的劳动力成本和产品质量完全相同。

国家	X 商品	Y 服务
新加坡	6 小时	4 小时
德国	7 小时	8 小时

新加坡在制造这两种产品方面绝对效率更高——它应该与德国进行贸易吗？答案是肯定的，尽管一开始觉得有点与直觉不符。即使在一方在 X 商品和 Y 服务上都具有绝对优势的情况下，避免贸易也不是最能创造价值的选择。相反，专业化会导致价值最大化——也就是说，建议个人或实体专注于他们相对较擅长的活动。在这个例子中，新加坡的优势在 Y 服务中相对大于 X 商品。

贸易的目的是最大限度地为双方创造价值，这在双方能力不同的情况下最为有效。您可以计算一下——当分别制作一个单位时，新加坡和德国分别需要 10 小时和 15 小时。但是，如果出于贸易目的，它们是专业化的，新加坡提供两个单位的 Y 服务，德国生产两个单位的 X 商品，那么两国花费的时间就会更短——分别为 8 小时和 14 小时。如果两国之间进行贸易，经济上将都会获利。从广义上讲，专注于自己最擅长的事情比什么都自己做更有意义。最重要的是，不管您擅长什么，也不管您有多擅长，您都最有可能从与他人的贸易中获益。

社会资本网络

适用于贸易的经济收益也适用于社会资本。网络平台是交易专业知识、销售线索、优惠产品和以及其他商品的市场。这些东西可以增加交易双方的社会资本。虽然您最终很少交易实际的商品或服务，但此类平台为您提供了促进未来商业交互的机会。大多数人都有自己的专业，在网络平台中，不同专业的人聚在一起。因此，每个人都能从向他人提供与其特定专业领域或能力相关的有价值的投入中获益，反之亦然。

如果您觉得比较优势理论太抽象或太简化，无法与网络活动提供的价值联系起来，那您就说对了。在现实中，几乎不可能准确地确定各种形式的机会成本，以及人类可以相互提供的个别产品、服务和其他形式的价值。一般来说，经济理论利用极其简单的现实例子来说明事物的本质和缘由。上面的例子简单地说明了，在我们生活的世界中自然存在于人性的多样性，使得参与者之间能够相互创造价值。这个价值不一定是金钱，它可以是对人们有普遍价值的任何东西。社会资本的概念之所以有效，是因为大家都明白，参与其中的每个人都能从与他人的交流中获益。在这个自利维度得到解决的情况下，社会资本是一个正和博弈。

经济理论本身并不能解释为什么社会资本交换在为所有参与者创造价值方面如此有效。与说明贸易利益的简单例子不同，绝大多数社会资本交易都只是单方面的价值条款，我们相信在将来会得到回报。社会资本的一个特征是基于互惠原则的非正式的利益“交易”。这就要求双方都要相信另一方会记住并履行“合同”。

真正让社会资本和相关平台脱颖而出的是其自我调节的本质，这一点我们已经在点对点（P2P）商业模式中有所涉及。这些都是非正式社会资本市场的正式表现，通过这些市场，我们自然而然地会与他人“交换”商品。正如商品或服务交换的市场一样，社会资本市场也具有一定的动态性。只有在相互信任的前提下，这一体制才能发挥作用。对于许多社会资本驱动的现象，如果壳问答网站（Quora），我们个人的信用是建立在社区之上的，并在来自各行各业的陌生人之间充当中介。

数字媒体的出现大大增强了相互的、非货币价值交换的普遍性和可能性，这种交换使全球用户群得以参与其中。在数字化时代之前，流行的是全球利他主义社区，如扶轮社（Rotary Club）网络。由于全球各地有数不清的独立的扶轮社，扶轮社员们基于对扶轮社宗旨的共同信任，热情欢迎来自其他扶轮社的社员，以使专业人士聚在一起做善事。

由社会资本驱动的非正式网络已经遍布全球。这是件了不起的事情，说明互联网尽管是匿名的，所涉及的地理距离也很遥远，但它使这些社区紧密地联系在一起。互联网是否对社会资本产生了积极的影响还有待商榷，但它已经让几个由社会资本驱动的大型社区和企业得以形成并蓬勃发展。

因为我们对某些社区的高度信任，从而使社会资本似乎自然而然地来到我们身边，成为我们作为人类联系方式的一部分。一些人认为，信用是社会资本形成的条件，也是社会和经济行动的“润滑剂”。社会资本既有内在的社会性，也有潜在的互惠性，二者兼而有之。虽然它的实际经济价值并不明确，但是人们从社会资本中获得的个人收益是他们参与社会资本社区的一个前提条件。

信用和社会资本是紧密相连的，尤其是在个人和职业网络方面。这就是人类获取社会资本的动机十分强烈的原因。假设我向在职场中的一位熟人推荐一位合格的求职者，而且我们都在同一个行业，并且相互信任对方在该领域的专业知识。一方面，我向他推荐我认为有能力的应聘者能够充实我的关系网，而另一方面，我也能从这两人身上得到回报，这些都使我从中受益。与此同时，我们三个人都受益于扩大了的职场关系，以及更牢固的人际关系。当然，我所建立的联系也为他们两人都实现了价值。

社会资本之所以强大，是因为多方受益，并且是在假定信用是在默认状态下产生的。与经济贸易不同，它不必是一对一的，因为相互信任比计算利益得失更重要。有了社会资本，价值创造就容易多了。虽然这可能涉及人们为彼此提供简单的帮助，但大多数社会资本“交易”都直接利用了个人的网络——介绍、代为获取信息、资金来源等。

矛盾的是，社会资本网络并不需要人与人之间的密切联系。事实证明，“弱联系”网络比“强联系”网络能提供更多的机会。“弱联系”的力量被认为是社会资本的“桥梁”，而个人联系则被认为是社会资本的“纽带”。

回到上面提到的推荐求职者这一案例。社交资本网络增大了正面第一印象的概率，因为人们相信，联系已经过审查或验证。这意味着通过共享关系使得个人的原始态度从中立（或偏斜）转变为积极，这对他们之间的关系如何展开产生了重大影响。对招聘者来说，这意味着“即使我刚认识您，但我相信您所带来的价值”，并能在双方之间迅速建立信用关系——这是在公司和个人之间建立可能的工作关系的良好基础。

如何成为最优秀的推销员

就像我们想要学习的任何技能（希望有一天能掌握）一样，建立信用在一开始是最困难的，随着时间的推移会变得越来越容易。在某些职业中，从头开始建立信用对于谋生是绝对必要的。推销员花了大量的工作时间来建立他们需要的信用，以便进行销售。根据销售的性质和金额大小，这可能需要几个月甚至几年的时间。对于一个推销员来说，建立信用的能力是与生俱来的，以至于大多数人甚至没有意识到他们在这上面花了多少时间，更不用说他们是怎么做的了。

我遇到过的几名出色推销员清楚地展示了信用经济模式的原则。他们强调信誉（与阶段1感知有关），发现对方的真实需求或担忧（与阶段2诱惑有关），建立融洽的关系，在他们提供任何东西之前先推销自己（与阶段3联系有关），从侧面引出关键利益（与阶段4验证有关），不时地保持联系，以便后续销售（与阶段5依恋有关）。最后，将口碑营销作为一种高效的引导性销售方式（与阶段6联盟有关）——他们的方法与信用序列的构建顺序非常吻合。

在世界上最优秀的推销员中，即使不是大多数，也有许多人没有意识到他们建立信用的过程和顺序。借用罗伯特·格林（Robert Greene）的杰作《精通》（*Mastery*），这些人已经将建立信用的策略内化，使其大多发生在无意识的层面上。

不久前在首尔，我在一辆早班通勤列车上遇到了一位老练的推销员。就像在其他公共交通工具上一样，人们要么忙于打电话，要么打瞌睡，要么陷入沉思。当这名推销员拿着一个巨大的背包走进车厢时，他立即在车厢的门边站稳，扫视四周，开始表演。尽管他身边有很多装备，但我注意到了他熨得整整齐齐的西装和梳得整整齐齐的头发。显然，他的演讲是经过精心演练的。他利用自己对产品的解释——在本例中，是一台用于密封塑料袋的小机器——作为手动演示的辅助。它包括把水倒进塑料袋，然后用机器把塑料袋切成几个小段，每个小段都能保留着里面的水。当人们被眼前的景象吸引时，他们似乎忘记了通常对陌生人的提防，更别提注意到他的销售方法了。他们听着他对产品功能的描述，以及几百韩元的要价。没有进一步的促销，人们掏出钱包向他挥手。他卖了将近一打，下一站就走了。整个过程只用了几分钟。

虽然我只是享受了销售过程中伴随而来的视觉演示，但我自己也很想买一件——哪怕只是为了表演，因为我觉得自己像大多数渴望拥有难忘经历的人一样，容易被那些让我着迷的人吸引。购买这款产品的乘客可能比我这样的游客有更多的实际考虑，但我们绝不能假定他们上火车时就在考虑购买塑料袋密封装置。这一演示表明，小规模的信用建立能以闪电般的速度在任何地方进行，特别是如果销售的要价相对适中的话。

换一种方式，您可以把要价看作要克服的信用障碍的等价物。只要您证明您卖的东西的价值超过了要价，人们很快就会接受您的产品。再加上一段吸引人的演示，您就成功了。

也许在听到上述故事时，您已经开始应用信用经济模式的六个阶段了——所以让我们一步一步地总结一下推销员的方法：

阶段 1：感知——简单有效，我们的推销员注重时尚得体的外表。制服（如西装和领带）的目的之一是展示可信度。否则，为什么世界各地的官员、警察和其他重要的公务员都要穿一套定制的服装呢？这种微妙而有效的暗示让人们更容易相信一个完全陌生的人。

阶段2：诱惑——科技初创公司可能会给首次购买的用户提供丰厚的折扣，以吸引他们购买公司正在销售的产品。而销售人员则会利用一场经过精心排练的夺人眼球的表演来吸引顾客。那位推销员通过展示他的产品看似“神奇”的品质做到了这一点，并且他的产品能够长时间吸引人们的注意力，从而实现销售。

阶段3：联系——作为与观众联系的一种方式，我们的推销员在展示产品时，会在车厢里巡视，直视乘客的眼睛，确保他们得到了自己的关注。再者，这种微妙而有效的姿态提高了他的表演效果。

阶段4：验证——为了证明他所说的是真的，推销员邀请乘客对装满水的塑料“小袋”进行取样，在乘客们明显变得兴奋时，他让他们产生了一种幻觉，感觉自己不仅购买了商品，还得到了一种视觉享受。

阶段5：依恋——在这个阶段，我们的推销员和他的顾客之间的联系非常紧密，足以让他参与销售。到目前为止，许多顾客都对这款产品非常着迷，以至于他们都渴望能拥有这款产品。没有任何障碍需要克服，他以适中的要价来回推销，成包地出售产品。

阶段6：联盟——当人们在购买时，他们很可能会为拥有一台可以在厨房里帮助他们的智能新设备而感到高兴。假设产品的质量和实用性正如所承诺的那样，购买者也很可能会向他们的社交圈介绍产品。正如我们之前提到的，口碑是购买最有力的驱动力，也是精心策划的市场营销的最终目标。

本书的核心理论认为，任何负责建立信用的人——无论是在几分钟内完成的，还是涉及数月甚至数年的谈判——迟早都会采用与上述非常相似的方法。

信用经济模式遵循这一普遍模式。在您自己的工作中，您可能会发现它的某些部分比其他部分更有用。我建议您对本书所介绍的方法进行理解消化和适当调整，这样它对您来说就变得更有用了。该模式应使信用变得更具条理性和系统性，从而推动信用的建立并在您进行信用建立活动分析时，将它作为一个有效的资源，不断改进。

第十章　建立信用战略

我们生活在一个空气越来越稀薄的经济时代。全球政治的紧张局势和动荡的市场，代表着人们对同胞的不信任感激增——尤其是当他们属于不同的文化或信仰体系时。其原因是我们对长期以来认为对我们大有裨益的领导人和机构的信用的瓦解。

信用就像磁场一样在起作用——无论何时失去信用，都会有新的秩序出现的空间。从信用的角度来看，过去十年中，数字化 P2P 中介的出现是新经济秩序形成的一个信号——分散但透明、灵活但精简、赋权但严谨，其本质是对经济市场的自治、自我监管，将个人置于行动的中心，并为他们提供以最快、最安全和最方便的方式来进行价值交换的最佳平台。

这不是演变，而是一场全面的革命——尽管需要时间，但它正越来越多地被世界接纳。工业化社会建立在集中式的信用机制之上，它们的失败正在催生一种新的社会组织结构。我们正在观察的发展往往被称为“第四次工业革命”，而实际上，这是一场社会革命。

这种新的现状不仅引入了新的经营方式，还引入了对信用本身的新诠释。当今时代的信用不再是静态的、永久的或无条件的——而是动态的、暂时的、由数据支撑的。我们正从一种对权威的盲目信仰转向一种发挥集体智慧的新常态。在这个架构中，各领域中处于领导地位的人制定了新标准及其公认的最佳实践结果。优秀是由大众的信用而不是学位或证书决定的。集中式的信用机制在这个世界上只不过是障碍，而且会在将来某个时候被淘汰。

这就是我所说的信用经济。您和您的公司需要有一个信用战略，才能在这个新兴的市场环境中生存和发展。以下三个核心阶段应该是您的首要任务：

· 重塑信用 2.0——您需要理解信用概念的转变，以及信用将如何在短期、中期和长期内影响您的业务和职业；

· 通过信用实现价值最大化——您需要将价值创造活动转向那些在数字化时代能够有效建立信用的活动，并取代不再适合当今世界的传统职能；

· 分散信用系统——您应该致力于实现从集中式的信用机制到分散信用网络的平稳过渡，同时不破坏您从中获取经济价值的平台。

建立信用的策略需要时间、毅力和耐心——在此期间一定会遇到挫折、被捷径诱惑、付出多于回报，甚至可能被嘲笑。这就是具有超前思想者的命运，也是保持领先的代价。

无论您是感受到被信用技术威胁的公证人、关注人工智能到来的客户服务经理、担心所谓的“分崩离析”的公司高管，还是担心下一轮融资的初创公司的首席执行官，设计一个系统地建立信用的策略都将大大减轻您的负担，让您清楚未来会发生什么。

在以下内容中，我们将仔细研究信用序列的每个阶段并帮助您如何去实现上述目标，以及如何从做得非常出色的公司中获得灵感。

阶段 1：感知

信息时代为终端用户带来了前所未有的授权浪潮，并为接受决策输入开辟了无数的新渠道。无论是对那些在数字化时代中提供产品和服务的企业，还是对那些消费产品和服务的企业，由此产生的争议往往难以控制。彭博社（Bloomberg）最近一篇关于美国在线旅游公司艾派迪（Expedia）的文章援引了一项研究结果，即人们在网上预订旅行时，平均会探索 48 种不同的航班选择。这表明，虽然通过互联网可以更方便地访问日常事物，但它们已经变得更加复杂。

为了应对这种极其自主和极度复杂的混合，人们对商品或服务的感知程度发生了转变。这些人的感知是由提供这些商品或服务的人控制的。在过去，当我们手头拥有的和可供选择的信息越来越少时，向我们出售产品的公司在控制我们如何看待它们以及它们提供给我们的信息方面占了上风。现今，没有人能真正掌控一切，感知是由大众的智慧所决定的。

对于公司来说，这意味着说一套和做一套的方式已经行不通了。如今，唯一能让人正确看待自己的可持续发展方式，就是通过出色的工作来赢得声誉。这听起来很简单，但实际上这对这个世界有着深远的影响。想象一下，酒店不再由政府机构或协会授予星级，而是由客人授予星级。尽管它不是官方的评估，但这种改变意义非凡。

集权机构日益丧失的控制能力意味着，通过除绩效以外的任何东西来优化感知比以往任何时候都更加困难。这不可避免地使许多集中的评估职能——或许有一天，甚至是大学学位和驾照——都将变得越来越没有用处。那些希望利用人们对自己有利的感知的公司，被建议专注于一个经典问题，即如何做到真正优秀，以及如何在对待客户方面与众不同。人们的看法越来越少地关注传递信息，而更多地关注向正确的人传播真相的有效途径。如果有一件事是确定的，那就是真理，不管它是好是坏，都不能再隐藏起来了。

· 从根本上关注您的产品：在过去的美好日子里，大量的产品可以确保您有东西卖给各种各样的人。在新的经济形势下，建议您集中精力做一件事，并且做到最好。将来，您的产品和服务的多样性不会取决于您，而是取决于人们对您的产品和服务的评价。这既让问题简单化，又让客户参与其中。

· 简化您的价值主张：不管您同意与否，在信息时代，我们的注意力持续的时间都大大缩短了。通过最清晰、最容易理解的价值主张，让人们更容易选择您。但价值主张太多并不好，因为它要求您的听众更加费力地做出决定。在过去，这不成问题，因为人们会很愉快地花时间进行全面评估。而如今，简化您的价值创造模式是必不可少的，也是脱颖而出的好方法。

· 把真实性放在最重要的位置：根据您的公司实际和真正关心的东西，而不是它应该关心的东西，来定义您的文化，然后找到和您志同道合的人。

阶段 2：诱惑

某样东西要想使我们感到满意，必须符合需求。它所满足的潜在需求可以是基本的（沙漠中一瓶提供能量的水），也可以是高级的（提供宁静和放松的豪华山间度假胜地）。真正满足需求的是我们对自己所需要和想要的东西、服务或自己选择的人的信用。我们经常把诱人的价值主张与某种奢侈品联系在一起，但奢侈品的概念实际上有点误导人。奢侈品与任意性和不必要性联系起来是不准确的，这意味着对世界的一种非常功利的看法，忽略了感知对我们信用的东西是“必要的”和“可选的”影响。正如本书多次提到的，我们对事物和人的重视主要是由我们对事物和人的信用来定义的。从这个意义上来说，诱惑是一种信用的物理表现，是我们决策的动力。这使得它成为一个相当具体的数量，也是建立和评估我们对与之交易和消费的事物的信用的一个关键因素。

· 给与您互动的人带来怀疑的好处：

在默认情况下，信用可能看起来很可怕，但它对那些接受默认的人却有着巨大的影响。我们倾向于回报我们所得到的信任，当我们的可信度受到质疑时，我们更有可能采取诚实的行动。在默认情况下，不信任客户就相当于在工作场所进行微观管理——这让双方的工作都很困难。这与现实世界中锁和门的概念是一样的。随着城市化进程的推进和大型集中人类住宅区的出现，这种思维已经进入我们的生活。虽然现在这种趋势正在逆转，而您已经是这种趋势的一部分。思考一下，您上一次对优步或滴滴司机做背景调查是什么时候？

·提供“品位测试”，有效地展示您的价值主张：

在某些行业，品位测试是常态。例如，许多软件公司为用户提供免费试用期来测试自己的软件。汽车经销商允许潜在客户试驾汽车；快消玩家喜欢分发他们产品的样品；管理咨询公司也会发布免费报告，让人们得以了解其思维和能力。测试提供的产品或服务与实际产品或服务越相似，越具有说服力，它作为说服工具的影响就越大。

·给您的客户灵活的体验：

尽管信用的概念和表现已经发生了变化，但诱惑仍然具有持续的影响力。真正改变的是吸引我们的本质。我们的消费模式正日益从物质驱动向经验驱动转变。按次付费的商业模式正在获得大量的吸引力，让人们可以享受各种各样的体验，而不必在其中任何一种体验上投入太多。大量的商业机会等待着那些能够让客户心甘情愿地为其服务的灵活性和在一个产品中获得各种体验而支付额外费用的公司。期待那些购买您产品或服务的人将产品或服务融入他们的生活，而不是将您的客户融入一个细分或典型化的市场。今天和明天的有效价值主张是以这样一种方式交付的：客户得到他们想要的东西，同时保留适当的自由，以他们喜欢的任何方式塑造它。我把这比作一家不错的牛排餐厅，它所推荐的菜品很有针对性，所有的东西也都准备好了，但是顾客仍然有权决定牛排是半熟还是熟透。这有多诱人呢？

· 将价值主张集中在共同点上：

尽管全方位服务的商业模式并没有消亡，但它们正面临着集中价值主张的挑战，即以现有价格的一小部分完成客户的需求。实现这一目标的新方法是，将价值主张提炼至其最本质的东西——对每个客户都很重要的东西——并在这些方面做得出色，同时剔除所有其他方面。

· 通过激励人群参与来实现体验：

激励人们为他人做出有价值贡献的价值主张，在帮助和协作精神的驱动下，提供越来越能够令人满意的数字化体验。

· 从功能性的（您所提供的）到关系驱动的（我们关心的）变化来重新定义您的公司：

对照那些解决类似问题或认同相同理念的人（您的客户/盟友），而不是那些提供相同表面价值产品或服务的人（您的行业）。在这个深层次上理解客户和利益相关者需要努力的技巧——作为回报，它使您比其他人更胜一筹。

阶段 3：联系

我们今天所拥有的通信技术，比现代社会刚刚出现时流行的技术要先进得多，这对企业的经营方式有着重要意义。人类很自然地倾向于将社区置于匿名状态。数字化时代使社区得以出现并在全球范围内进行贸易。近年来取得成功的主要模式使我们能够迅速、方便地与陌生人建立信用的商业交往。这在日常生活的许多方面激发了一波具有重大意义的网上直销与个人经济和社会赋权的浪潮。这个新的商业时代使得建立相互信任和互惠互利的联系变得极为容易，从而减少了对许多传统中介机构的需要。交易（或贸易）各方之间的联系是交换价值的关键条件。通过加强联系来实现价值最大化。

· 帮助您的客户以安全而有意义的方式进行社交：

从脸书（Facebook）到沙发客（Couchsurfing），从领英（LinkedIn）到 Tinder（手机交友软件），我们今天生活的世界从平台中获益匪浅，这些平台使我们比以往任何时候都更易于建立联系和网络。为了重要的目的联系个人本身可能是一项健康的业务，但它也可以增加对现有价值主张的吸引力。让人们有机会认识分享他们利益的人，使公司人性化，并使他们对用户更有价值。

· 与客户融为一体：

数字时代让我们与周围的人联系更加广泛，也更加紧密。尽管社会似乎变得越来越肤浅，但我们从来没有像今天这样在全球范围内建立起如此丰富的人际关系网。无论是现在还是将来，有影响力的人都不再是那些在某一行业中表现优异的知名机构（看看《米其林指南》吧）。名人代言也应该越来越少——因为它们是基于地位的说服形式，缺乏真实客户评论的透明度。他们的角色将由普通人来扮演，名人也好，普通人也罢，我们可以更好地与他们相处和理解他们。寻找和吸引那些关心您产品的个人，需要一种超越传统市场细分和沟通策略的新方法。相反，客户将更愿意接受个性化的信息和真正的人情味——这是一种客户服务，曾经是市场上层的特权，但现在大众也可以借助技术享受其中。

· 让利益相关者影响您：

不要从对您有利的位置来定义您是谁和您是什么；相反，要了解客户真正在您身上看到了什么，并以此为基础确立自己的身份。在这个过程中要做好放弃控制权的准备，让那些意识到您有价值的人们在塑造和发展您的企业时有发言权——即使这意味着放弃或下放一定程度的控制权。

阶段 4：验证

任何验证行为背后的主要动机是确定什么是事实，什么不是事实。在信用建立序列中，验证的作用是在信用关系形成时测试预先假设的可信度。我们之前就讨论过这种测试是如何进行的，以及是根据什么标准进行的。这种假设测试在某些情况下可以自动进行，例如，以可靠和分散的方式追溯某事出处和某人作为的分布式分类账等。另外，面对面的对话或互联网搜索也可以提供足够的相关信息，以便肯定或否定重要的事实。

人们可以将肯定或否定可信度假设的过程与假设检验相提并论，假设检验是科学方法的一个关键要素，也是学术研究进行了几个世纪的问题。关键的区别在于，信用序列中的验证几乎从来都不是科学的（不论好坏）——人们会根据他们所获得的信息做出判断。

·让客户更容易找到他们想要的东西：

信息太少和信息太多都不利于客户体验。预测可能会突然出现在客户脑海中的验证问题，会使您在有效地解决这些问题方面具有优势。

·尽可能主动提供信息：

关于做生意的方式，没有什么比公开透明更令人信服的了。它不仅展示了自信，也向顾客表明了您没有什么可隐瞒的。这样做的作用是，如果您有意识地向顾客提供他们想要的数据，则他们可能会通过与您分享个人信息来回报您。

·传达一致而明确的信息：

这听起来像是常识，却是最容易出错的事情之一。在品牌领域，发出一致的信息被称为“语气”，旨在为品牌如何与利益相关者之间的互动建立一个共同点。尽管信息根据接收方的不同而有所不同，但选择与之相关的语气却是最重要的。

·将客户的监视转化为参与：

信用模式的六个阶段分为三个主动阶段和三个被动阶段。

从连接阶段开始，被信用的关系转变为双边关系。验证是尝试信用建立的接受者对促进相互关系表现出兴趣的首要方式之一。对于言行一致的公司来说，客户验证其印象的意图只是一种形式，但提供了一个受欢迎的接触机会，因为这表明了他们对建立商业关系的真正兴趣。

阶段5：依恋

依恋阶段的目的是在相互信任的双方之间形成有形的关系，并建立忠诚。忠诚最纯粹的形式是成为一种习惯，是由我们的大脑不断努力优化我们的认知能力所带来的一种行为。联想和习惯的形成帮助我们将频繁发生的活动自动化，这样我们就可以下意识地或不费多大力气地进行这些活动。要使其在产品或服务方面生效，我们首先需要信任其交付的能力。验证阶段帮助我们收集数据，使我们在理想的情况下能够确认关于其他人或实体的想法是正确的，并暂时将其视为事实。这样看来，建立关系资本是为了促进一种持续的经济的关系。这就解释了为什么高度受信任的公司往往能比同行获得更好的客户留存数据。

相互的目标和一致的利益促进了依恋。我们倾向于选择自己所依恋的东西，因为如果对方没有达到我们的期望，我们就会变得失望。根据经验，交易价值越高，我们就必须越信任它。因为这直接关系到我们在做出错误决定时的风险和损失。本书将信用重新定义为一种价值催化剂，并强调信用的得失与价值本质上是一回事。依恋体现了这是如何运作的：

建立的信用和价值越多，我们就越有可能维持经济的关系，反之亦然。我们很自然地把自己与那些对我们有益的人和组织联系在一起，并把注意力集中在对我们贡献最大的人或事上。

有了依恋，我们开始投资人际关系，目的是在单一交易之外进行价值交换。这导致双方在与对方打交道时都具有竞争优势。这些互利性的依恋具有巨大的经济价值，我们通常称之为通过人际关系网做生意。亚洲是研究开放的市场与封闭的商业关系在取得经济成果方面的理想地区。同样，依恋塑造了在全球范围内实现价值的方式。

· 利用技术建立更好、更快、更强的关系：

人们可能会说，如今任何人都可以是推特或领英邀请的对象——包括名人和公司的高管。与陌生人建立联系、接触重要人物或为某项事业争取支持从未像现在这样容易。

然而，许多大型组织（尤其是上市公司和受监管的实体）受到治理程序的约束，这些治理程序旨在抑制任何对自称为高尚事业的商业行为产生影响的关系。在现实中，阻止人际关系推动经济互动的努力，就像让人们牢记商业间的合作关系被视为“欺骗或作弊”一样。直到今天，这种观念仍在受人尊敬的教育机构中根深蒂固。然而，与坐下来考试不同的是，在商界，试图切断人际关系的做法是无效的，起不了任何作用。尽管许多公司必须遵守这些设计欠佳的合规规则，但它们应该尽可能以合法的方式将关系放在首位。

·通过寻找各种合作伙伴来建立“合作伙伴关系”：

合作关系提供的不仅仅是交互性好处——它们可以成为扩大影响力的一个极其重要的支柱。创业公司和大公司之间的联盟，如果组合得当，可能会获得很高的回报。例如，在保险技术等监管严格的领域，大型保险公司和新进入市场的公司可以从彼此身上获得巨大利益。初创企业“征服”和现有企业“捍卫”的默认思维模式，需要被一种基于不同参与者各自优势互相帮助的思维模式取代。

·将价值创造从分配重新构建为正和：

除开放新形式的合作伙伴关系之外，明智的做法是摒弃支配大部分商业文化的守旧的分配思维模式。人际关系的本质是互惠互利的，我们在其中投资的资源绝不是浪费。直到今天，大多数公司似乎都在为一定数量的内部和外部资源而奋斗。认识到联盟和合作的价值远不止是一个“软”因素或战术因素——它是21世纪经济中可持续发展的主要来源，需要建立牢固持久的信用纽带。

阶段6：联盟

联盟将依恋带到下一个层次。当我们与某人或某事联系在一起时，我们充分相信这种关系背后的共性和价值。依恋与联盟之间的主要区别在于前者是被动的，而后者则是主动的。维持我们的依恋关系是一种自然的倾向，一旦建立起一段关系，就不需要什么进一步的努力。与某人或某事结成联盟——至少在本书中是这样定义的——包含了一种宣传对方的意图，就像一个人在推销自己一样。依恋可以有一个潜在的自私动机，例如，从与另一方的长期合作中获益，而联盟通常涉及一些无私——一种相信对另一个人或实体的支持会给自己带来更大利益的信念。

从利润最大化的角度来看，讨论更大的利益似乎有些奇怪。事实上，那些从事有意义的事业的公司——他们认为自己的愿景不仅仅是为了取悦股东而把发布的财务报表做得十分出色。剥去当今世界市值最高的公司的华丽外衣，如苹果（Apple）、谷歌、微软（Microsoft）、脸书（Facebook）和亚马逊（Amazon）等，您会发现它们是从开拓精神和有意义的事业中诞生的。事实上，许多公司和行业就是这样起步的，例如，保险起源于相互模式。这种模式允许个人在有需要时将风险转移给一群互相帮助的人。在此过程中，企业可能会失去当初创建时的精神。如果您看一下上面的那些公司，就会发现其中 4/5 的公司都不到 15 年。未来几年，它们能否继续专注于自己原有的事业，并在股东的要求下捍卫自己的事业，仍有待观察。对于那些创始故事只不过是逸闻趣事的公司来说，重新审视其公司理念可能会有所收获。

今天的顾客比以往任何时候都渴望对他们所接触的产品和服务有认同感。而认同感是我们所知的业绩最好的初创公司成功的关键驱动力，因此改善现状的真实意图很容易被忽视。幸运的是，它可以被重新注入企业，而且它的存在会让所有人都受益。想想您自己的工作情况，如果您有真实的理由在您的社交圈里大肆宣传您公司的优点和宗旨，那会有多好？

· 将目标看作信用加速器：

您更有可能信任哪家公司？是一家只为盈利而工作的公司，还是一家坚信自己所从事的事业的竞争对手？就像我们寻找自己存在的理由一样，我们更容易与更大的目标联系在一起，而不仅仅是因为商业理由。这并不意味着这是唯一重要的事情——而是围绕着公司如何生存的独特理念。赚钱是一个非常广泛的目标，那些把赚钱放在首位的公司会沉迷于追逐短期的获利机会（从长远来看，很可能会亏损）。选择一个值得奋斗的目标对公司来说是极其重要的一步，公司应该集中精力努力达到最佳的结果。

作为受欢迎的意外作用，这一目标能够建立联盟，并为寻找新客户提供一个很好的途径。最重要的是，公司的员工如都能充分相信有价值的事业，会减少许多委托代理冲突和自私的资源分配，而这是那些没有可信的和有意义的方向的公司都会遇到的问题。

· 给人们承诺和信任您的理由：

在一个商业模式变得越来越灵活、客户越来越不愿意兑现承诺的时代，成功的企业需要制定个性化的服务。他们的对话需要从产品和服务中转而去理解这些东西在客户的生活中实现了什么目的。市场营销或许一直在关注这个更深层次的层面，但很少以可信的方式进行。

从个人抱负到绝大多数人共有的抱负，人们的动机有时与他们购买的商品的表面价值主张完全无关。例如，没有客户会因为您有从速溶咖啡中提取风味的最好技术而相信您。但无论顾客是何时把一个色彩斑斓的铝制胶囊放入时髦的雀巢机器的，他们都可能会被您如何能让他们沉浸在奢华的时光中而迷惑。请注意，第二种体验是如何使顾客感到亲密和个性化的体验，而第一种体验则与顾客没有明显的关系。建立信用模式的前几个阶段都是为了创造一种情境，在这种情境中，顾客感到他们的生活被深刻地触动或被一种有影响力的方式丰富起来。这在某种程度上扮演了一个强大的触发器，让人们为供应商宣传他们的体验——这有助于形成积极的口碑，并将我们带回信用模式的阶段 1：感知。

信用建立工作的典范

以下这些公司向我们展示了它们是如何从口头表达到实际操作，把公司的信用建立工作做到了最佳，至少从表面上看，还是行之有效的。模式的顺序性被设计为协调信用建立的工作。尽管如此，我们不需要一板一眼地遵循它的顺序——它只是一根红线，用来简化信用的建立。把它想象成一个菜单。通常从开胃菜开始，然后是主菜和甜点。没有什么能阻止用餐者先点甜点，然后再享用一顿令人满意的大餐。此外，根据文化和地理位置的不同，作为开胃菜、主菜和甜点的食物种类可能会有所不同，菜单上菜肴的数量和大小也会有所不同。信用作为一种结果是很重要的——即使在信用模式的帮助下，实现这一目标的过程也会显示出相当程度的差异。请注意，对于每个个例来说，作为结果，建立信用总是价值主张的几个要素的组合。

感知

· 亚马逊因其“信誉体系”（reputation system）而广受赞誉，该体系允许客户为其平台上销售的产品质量提供担保。这有多种目的——它让亚马逊了解顾客的喜好，吸引顾客，并迫使公司为顾客提供他们喜欢的产品，以保持良性销售。

· 主打剃须刀生意的美国在线男性护理用品平台 Dollar Shave Club 是一家快速消费品公司。顾客每天早上通过简单的选择等程序就能得到很好的剃须服务。该公司为顾客提供三种物有所值的剃须刀选择以及每一款刀片的订购服务，并送货上门。2016 年，联合利华（Unilever）以 10 亿美元收购了 Dollar Shave Club，这是一个绝佳的电子商务案例。它建立了一个强大的品牌，而不仅仅是在价格上展开竞争。秘诀：选择合适的数量，以及一个极其简单的价值主张。

· 宝马 Drive Now 是德国汽车制造商宝马（BMW）与该国最著名的汽车租赁公司之一 SIXT 的合资企业，提供按分钟计费的全方位汽车共享服务。客户通过 Drive Now 应用软件找到宝马或迷你车，并以电子方式解锁。他们可以在指定城市区域内的任何地方使用和停放车辆。按分钟计算的租金包括汽油费、停车费和其他所有费用。这是一种完美的商业模式，它既能出色地提供便利的城市交通，又能让客户体验各种各样的汽车，并自由决定在哪里取车和停车。

诱惑

· 智能投顾平台 Acorns 是一家美国金融科技公司，它通过汇总您在信用卡上的花费，自动对您多余的零钱进行投资，每个月的费用为 1 美元。这使得开始投资变得非常容易，并且消除了人们对损失的恐惧，因为客户投入的仅仅是他们的零钱。

· 德国数字银行康迪锐（Comdirect）提供了一项无担保开户服务。即新客户可以在银行开立账户时获得 100 欧元，如果客户在一年后选择再次关闭账户，则可以获得 150 欧元。不管是不是该行的忠实客户，银行都会通过奖励来吸引客户，从而显示出对自身价值主张的信心，并解决了金融服务机构在使用数字化渠道吸纳客户时可能面临的传统上高昂的客户吸纳成本。

联系

· Slack 是一款团队沟通应用的企业聊天工具。它可以帮助员工在提高效率和允许他们开展社交之间取得平衡。例如，该应用软件允许同事用各种表情符号对团队成员发布的帖子做出回应。在现代社会，通过适应人们自然的交流行为，Slack 将所有的交流整合到一个地方，就不会产生拘束感。

· 猫途鹰（Trip Advisor）在酒店的自我宣传材料与旅行者到达目的地时面临的现实之间架起了一座重要的桥梁。该公司让客户参与他们感兴趣的话题（分享他们的旅行经历），并允许其他人从这些信息中获益。声誉系统在很大程度上是自给自足的——该网站不需要证明投稿人在他们正在评论的房产中居住过。相反，它要求它的投稿人在每个评论的底部打勾，以证明评论是基于真实的情况。人们在正常情况下会表现出善意，这是分散信用体系的一个重要支柱。

· 美国保险公司 Acuity Insurance 在 2016 年《福布斯》（*Forbes*）最佳企业排行榜上排名第二，仅次于 Alphabet [公司名称，谷歌重组后的“伞形公司”（Umbrella Company）名字]。因为它重视职场的工作愉悦感，而这是公司核心价值观的一部分。当慷慨与幽默结合在一起时，它为建立有意义的工作关系奠定了良好的基础——这反映出员工对自己工作的公司的信任程度。

验证

· 客户管理工具对讲机 Intercom 为企业提供客户服务解决方案，使企业能够根据客户的个人喜好，通过各种渠道迅速、自然地做出反应。这使得客户尽可能容易地找到他们需要的信息，这极大地帮助了验证过程。

· 验证需要访问数据，很少有公司能声称自己比谷歌更依赖数据。该公司在很大程度上确保了商业决策是透明的，并且是建立在数据基础上的。谷歌的理念“生来平等”，公司的每一个层面都努力通过客观指标的力量来提升自己的现状。它的团队效率研究促进了更好的合作，这也许是谷歌内部研究中最广为人知的一项举措。这也是一个很好的范例，说明了为鼓励验证而建立的公司如何能够积极主动地提供理性的答案，解释了事情的来龙去脉，并渴望在有机会的地方自信地做出改进。

依恋

· 伊索（Aesop）是一个受草本概念系列启发的高端化妆品品牌。该公司明白，为客户着想是至关重要的。该公司在精心挑选的豪华酒店和时髦餐厅中安装了自动售货机，并认为这些地方有助于吸引挑剔的目标受众。这有助于潜在客户更容易与公司及其产品联系起来，从而建立起一种定期使用和依恋驱动的模式。

· 优布（Uber）及其全球规模的叫车服务为其可靠性设定了一个新的基准。因为顾客知道他们能够在几分钟内确保乘坐，并按指示的价格支付，而且每次都能实现这个承诺。这对于保留客户来说是一个强大的驱动因素。依恋使运输等商品化服务成为客户的常规选择。将此与需要经常使用的产品或服务相匹配，客户生命周期价值就会突飞猛进。

· 奈斯派索（Nespresso）是全球成功的速溶咖啡高端品牌，从一开始就让所有的顾客在第一次购买时加入奈斯派索俱乐部，从而建立了强大的客户群。社区体验围绕着“美妙咖啡时光”的概念而设计，这使得喝咖啡的日常活动变得特别。该俱乐部的宗旨是支持奈斯派索品牌背后的“剃刀与刀片”商业模式，即价格合理的咖啡机使用带有高价供应的内环系统。结合奈斯派索在全球所有精品店免费品尝咖啡的策略和便捷的使用体验，该公司极有可能在顾客第一次购买时就获得忠实的客户群。

联盟

·Method 清洁公司提供的清洁产品看起来很棒，并且对环境也有好处。这家公司的一切都以一种令人愉快的清洁体验为中心，没有“有害”的成分。Method 产品的零售价格要比许多市场现有的清洁产品高得多。其目的是如此清晰和有价值，以至于它成了一个令人赞美的价值主张。

·请做我的眼（Be My Eyes）是一款鼓励人们帮助盲人看东西的应用软件。当盲人需要看东西时，他们可以启动该应用软件，并与愿意伸出援手并“借给他们眼睛”的人分享视频。在这种基于利他主义的模式中，潜在的非常昂贵的按需服务以分散的方式提供，开销可以忽略不计，并且以零成本向受益者提供。志愿者会得到他们所帮助的人的感谢，使这项服务对每个人都受益。

·联合利华公司（Unilever）为自己设定了雄心勃勃的目标，即到 2030 年将对环境的破坏减半，并为改善气候做出贡献（即 100% 使用可再生能源）。建立一个大胆的、关注外部环境的、造福他人的目标——不仅是推动股东价值的牟利需求——让客户放心，选择其产品有助于实现一个有意义的愿景。为了赢得长期的信用，企业必须关注到愿景的每一个方面，让愿景变得切实可行。在企业领域内，联合利华的例子已经引起了很多积极的关注，并且应该被认为是公司大小、规模和潜在环境影响的先驱。对于那些通过目标建立信用的公司来说，可信的、真正有远见的领导力至关重要——可以说，这种领导力曾经是苹果及其传奇人物史蒂夫·乔布斯（Steve Jobs）成功的基石。

·汽车旅馆（Motel One）是一家新时代的连锁酒店，它提供现代的内部设计和豪华的装饰（如优质的亚麻和毛巾），而价格只是精品酒店的一小部分。该公司迎合了注重成本的城市探险者和经常出差的商务旅行者（或者更确切地说，迎合了他们公司的开支预算），承诺提供物美价廉、实实在在的豪华服务，实现双赢。除去使高档酒店变得昂贵但对出差的大多数商务旅行者来说并不那么重要的许多因素（门房、餐厅、酒吧、健身中心、水疗中心、游泳池），汽车旅馆能够提供高住宿标准和与高档酒店接近的绝佳位置，除非价格明显更高。

结束语

这本书也许让您了解到信用在我们的经济和社会生活中所起的重要作用。我希望你们更进一步了解信用的重要性。信用也许是人类在获得食物之后最基本的需求。信用这个概念深深地扎根于人类的心灵之中，其核心理念和信用建立的机制适用于我们生活的各个方面，包括职业和个人能力。即使在吃饭或睡觉之前，您也需要对自己想吃的食物的适宜性或指定的休息场所拥有一定程度的信任。如何满足您的这些基本需求会影响您对它们的信任程度，这使得信用成为创造任何形式价值最重要的基础。不管是有人把食物送到您家门口，还是您的公寓为您提供食物，只要您相信这两者都能满足您的需要，那最终都没有关系。另外，这种信用的缺失会抑制任何形式的价值创造。例如，如果您认为您的晚餐有毒，那么它作为食物来源对您来说绝对没有价值。

在商界，我们往往过于关注价值是如何创造的，而不是专注于提前为价值转化为收入和利润打下基础。举例来说，一家知名智能手机制造商决定花费数十亿美元研发其以前型号的新版本——一款以自燃闻名的产品。客观地说，这款手机可能在各个方面都比其他智能手机更好。然而，由于之前的产品遭遇了严重的信用违约，它们很可能会在向任何人销售时遇到很多麻烦。因此，忽视信用在价值创造中的作用的同时也忽视了其长远利益。

为了建立一种信用策略，您首先需要认识到，没有信用，您所做的任何事情对任何人都没有价值。您在月底拿到工资的原因，您的客户购买您的服务的原因，您的社交圈欣赏您的原因——所有这些都是建立在信用的基础上的。虽然我认为经济学是一门社会科学，但我也认为，信任是全球贸易在社会和经济层面上的纽带。

从本质上讲，战略就是从 A 地到 B 地的旅程。在信用战略中，A 地表示您现在的位置，B 地表示更高级别信用的未来。由于这种更高层次的信用，您会为每个人实现更多的价值。我所介绍的信用序列为您提供了一个简单的工具，它可以应用到所有的地方，但它的构架足以帮助您取得突破性进展并达到目的。在您遇到挑战和机遇时运用它，您将能够以自己的方式深刻地理解这本书的核心目的，即通过理解和利用信用经济的基础来建立和实现指数价值。